健全我国事权与支出责任相适应制度的研究

崔运政 著

中国财经出版传媒集团
中国财政经济出版社

图书在版编目（CIP）数据

健全我国事权与支出责任相适应制度的研究/崔运政著. —北京：中国财政经济出版社，2018.12

ISBN 978 – 7 – 5095 – 8641 – 9

Ⅰ.①健… Ⅱ.①崔… Ⅲ.①中央与地方的关系 – 研究 – 中国②财政支出 – 研究 – 中国 Ⅳ.①D63②F812.45

中国版本图书馆 CIP 数据核字（2018）第 264283 号

责任编辑：胡　博　　　　　责任校对：徐艳丽
封面设计：陈宇琰

中国财政经济出版社 出版

URL：http：//www.cfeph.cn

E – mail：cfeph @ cfeph.cn

（版权所有　翻印必究）

社址：北京市海淀区阜成路甲 28 号　邮政编码：100142
营销中心电话：010 – 88191537　北京财经书店电话：64033436　84041336
北京财经印刷厂印刷　各地新华书店经销
787 × 1092 毫米　16 开　9.5 印张　141 000 字
2018 年 12 月第 1 版　2018 年 12 月北京第 1 次印刷
定价：48.00 元
ISBN 978 – 7 – 5095 – 8641 – 9
（图书出现印装问题，本社负责调换）
本社质量投诉电话：010 – 88190744
打击盗版举报热线：010 – 88191661　QQ：2242791300

目 录

第一章 引论 …………………………………………………（ 1 ）
  第一节 选题背景与研究意义 ……………………………（ 1 ）
  第二节 核心概念 …………………………………………（ 4 ）
  第三节 研究思路与研究方法 ……………………………（ 11 ）
  第四节 主要内容与创新之处 ……………………………（ 12 ）

第二章 理论基础与文献研究综述 …………………………（ 15 ）
  第一节 理论基础 …………………………………………（ 15 ）
  第二节 文献研究综述 ……………………………………（ 21 ）

第三章 我国中央与地方政府事权与支出责任考察 ………（ 29 ）
  第一节 我国政府间事权与支出责任划分的法律
      框架 ………………………………………………（ 29 ）
  第二节 我国政府间事权与支出责任划分现状 …………（ 37 ）
  第三节 中央和地方政府间事权与支出责任配置
      的实证分析 ………………………………………（ 40 ）
  第四节 我国地方政府间事权与支出责任划分
      的实证分析：以山东省为例 ……………………（ 49 ）
  第五节 我国政府间事权与支出责任划分中存在的
      问题 ………………………………………………（ 59 ）

第四章 部分国家事权与支出责任划分的国际比较 （69）
第一节 美国的事权与支出责任划分 （69）
第二节 德国的事权与支出责任划分 （78）
第三节 日本的事权与支出责任划分 （81）
第四节 印度的事权与支出责任划分 （84）
第五节 俄罗斯的事权与支出责任划分 （87）
第六节 启示与借鉴 （92）

第五章 完善事权与支出责任相适应制度的构想 （101）
第一节 基本目标、原则与总体思路 （101）
第二节 重新界定政府的职能和事权范围 （105）
第三节 合理划分和配置政府间的事权项目 （107）
第四节 规范政府间的支出责任划分 （116）
第五节 进一步完善和理顺政府间收入划分 （121）
第六节 改进转移支付体系 （131）
第七节 配套政策措施 （133）

第六章 结论 （137）

参考文献 （140）

后记 （146）

第一章　引论

第一节　选题背景与研究意义

一、选题背景

新中国成立以来，我国围绕如何建立事权与支出责任相适应的财政管理体制进行了不断的探索。在这一过程中积累了大量的经验，但也留下了深刻的教训。特别是改革开放以后，在由计划经济向市场经济转变的过程中，在政府行政区划与层级相对稳定的前提下，我国借鉴国外的经验并结合自己的实际情况，对财政体制进行了多次改革。其中，1980年在中央和地方之间实行了"划分收支、分级包干"的分灶吃饭体制改革；1985年实施了"划分税种、核定收支、分级包干"体制改革；1988年实行了中央与地方之间不同形式的财政包干改革；1994年又推行了中央与地方的分税制改革。其后，又相继进行了所得税收入分享改革、出口退税分担机制改革等。

经过多阶段的系列改革，逐渐建立起了与市场经济相适应的财政管理体制，同时也在各级政府事权与支出责任相适应这一重要问题的探索上，取得了一些重要进展。主要体现在以下几个方面：

第一，1994年颁布的《预算法》以及2014年修订的新《预算法》，均明确规定实行"一级政府一级预算"的管理体制，国家实行中央与地方分税制，保证各级政府行使职能所需要的财力和财权。

第二，国务院以行政法规的形式，初步划分了各级政府事权与财权的边界，一定程度上消除了中央与地方政府之间事权与支出责任纠缠不清的问题。省级以下各级政府间事权与支出责任的关系，由各地区自行探索与本地情况相适应的管理体制。

第三，强调在保证中央宏观调控能力的前提下，给予地方政府更多的自主权。同时在省以下推行财权下放，进行了"省直管县""乡财县管"等一系列财政管理体制的改革尝试。

1994年以来财税体制改革实践表明，我国的财政体制改革一直是以收入划分作为改革的重点，而较少触及事权和支出责任划分。在这种情况下，一方面，随着经济社会的发展和财政体制改革的深入，政府间事权改革的紧迫性进一步凸显出来，各级政府之间事权划分不明晰、事权与支出责任不适应，已经成为制约经济社会发展、影响公共服务均等化的重要障碍。另一方面，政府间财政关系理论告诉我们，政府间的职责和事权划分不仅是政府间财力分配的基本依据，而且是建立分级财政体制的逻辑起点和整个财政体制的运转基础。遵循这一理论，事权改革的滞后无疑动摇了收入划分改革的成果，因为根据事权、财权统一的原则，在事权尚不明晰的情况下进行的财权划分，显然是缺乏公正性的，这就迫切需要抓紧理顺和规范事权与支出责任划分，健全事权与支出责任相适应的制度。

二、研究意义

合理划分中央与地方财政事权和支出责任是政府有效提供基本公共服务的前提和保障，是建立现代财政制度的重要内容，是推进国家治理体系和治理能力现代化的客观需要。

总体来看，改革开放以来，我国事权和支出责任划分为坚持党的领导、人民主体地位、依法治国提供了有效保障，调动了各方面的积极性，对完善社会主义市场经济体制、保障和改善民生、促进社会公平正义，以及解决经济社会发展中的突出矛盾和问题发挥了重要作用。

但也要看到，新的形势下，现行的中央与地方事权和支出责任划分还不同程度地存在不清晰、不合理、不规范等问题，主要表现在：政府职能定位不清，一些本可由市场调节或社会提供的事务，财政包揽过多，同时一些本应由政府承担的基本公共服务，财政承担不够；中央与地方事权和支出责任划分不尽合理，一些本应由中央直接负责的事务交给地方承担，一些宜由地方负责的事务，中央承担过多，地方没有担负起相应的支出责任；部分中央和地方提供基本公共服务的职责交叉重叠，共同承担的事项较多；省以下事权和支出责任划分不尽规范；有的事权和支出责任划分缺乏法律依据，法治化、规范化程度不高。这种状况不利于充分发挥市场在资源配置中的决定性作用，不利于政府有效提供基本公共服务，与建立健全现代财政制度、推动国家治理体系和治理能力现代化的要求不相适应，必须积极推进中央与地方事权和支出责任划分改革。

为进一步解决事权划分改革中存在的问题，2013 年党的十八届三中全会通过的《中共中央关于全面深化改革若干重大问题的决定》明确指出，要进一步推进"建立事权和支出责任相适应的财政制度[①]"。2014 年党的十八届四中全会通过的《中共中央关于全面推进依法治国若干重大问题的决定》明确提出，"推进各级政府事权规范化、法律化，完善不同层级政府特别是中央和地方政府事权法律制度"。2015 年党的十八届五中全会通过的《中共中央关于制定国民经济和社会发展第十三个五年规划的建议》也进一步明确，"建立事权和支出责任相适应的制度，适度加强中央事权和支出责任"。在这种大的背景下，探讨科学、合理划分政府间事权和支出责任，无疑具有重大的理论价值和现实意义。

按照党的十八届三中、四中、五中全会明确提出的建立事权和支出责任相适应的制度，适度加强中央事权和支出责任，推进各级政府事权规范化、法治化的要求，国务院于 2016 年 8 月下发了《关于推进中央与地方财政事权和支出责任划分改革的指导意见》（国发〔2016〕49 号），正式启动中央与地方的

---

① 具体内容包括：适度加强中央事权和支出责任，国防、外交、国家安全、关系全国统一市场规则和管理等作为中央事权；部分社会保障、跨区域重大项目建设维护等作为中央和地方共同事权，逐步理顺事权关系；区域性公共服务作为地方事权。中央和地方按照事权划分相应承担和分担支出责任。中央可通过安排转移支付将部分事权支出责任委托地方承担。对于跨区域且对其他地区影响较大的公共服务，中央通过转移支付承担一部分地方事权支出责任。

财政事权和支出责任划分工作，明确了指导思想、总体要求和划分原则，确定了改革的主要内容，同时就保障和配套措施以及职责分工、时间安排等做了明确。2017年11月，中共中央办公厅、国务院办公厅印发了《外交领域中央与地方财政事权和支出责任划分改革方案》（中办发〔2017〕64号），对外交领域10大类21项财政事权和支出责任进行了明确。2018年1月，国务院办公厅印发了《基本公共服务领域中央与地方共同财政事权和支出责任划分改革方案》，对基本公共服务领域中央与地方的财政事权和支出责任进行了明确。

总体来看，事权和支出责任划分工作尽管已经开始破题，但需要指出的是，上述文件仍然只是就事权划分做了一个原则而笼统的规定，且更多的是就事权和支出责任划分现状的描述与写实，距离真正完成事权和支出责任划分工作还有很长的路要走，事权和支出责任划分这项制度的研究仍然任重道远、意义重大。

第二节 核心概念

一、事权、政府事权、财政事权

事权一词及其含义是中文特有的。事权，最初是指军事指挥上的种种妥善处置。《淮南子·兵略训》曰："陈卒正，前行选，进退俱，什伍搏，前后不相捻，左右不相干，受刃者少，伤敌者众，此谓事权。"逐渐地，从事权中又演化出职权、权力的含义。如北宋梅尧臣《送邵郎中知潭州》诗："且谕汉家绥抚厚，莫言湘守事权轻。"在现代，事权是指某些行为主体在从事某种事务中应承担的任务和职责以及应当具有的权力和权限。

本书所指的事权划分与配置，自然是指事权在不同政府间的划分，因此，我们可以进一步将其界定为政府事权。就政府而言，事权有三个特点。首先，政府事权是政府为实现公共职能而具有的权力；其次，政府事权是经过法律授予的；最后，政府事权是管理国家具体事务的权力。综合以上三个特点，宋卫刚认为（2003）政府事权就是依据政府职能产生的，通过法律授予的，管理具体事务的权力[①]。这种解释的最大问题就是将事权单纯地理解为一种权力。在笔者看来,究其实质,事权更应该是一种责任,是政府在公共事务和服务中应承担的任务、职能和职责。因此,所谓政府事权,是指政府在从事公共事务中应当承担的职责以及所具有的、与职责相适应的公共管理权力。以上分析表明,政府事权源于政府责任,或者说,各级政府的事权是由政府职能和职责所决定的。而在市场经济下,政府的主要职能是提供公共服务,因此从本质上说政府事权也就是政府的公共服务职责。

所谓财政事权是一级政府应承担的运用财政资金提供基本公共服务的任务和职责。《国务院关于推进中央与地方财政事权和支出责任划分改革的指导意见》(国发〔2016〕49号)首次提出财政事权的概念,同时提出要从财政事权入手推进事权划分改革。政府间事权划分不仅涉及行政权划分,还涉及立法、司法等广义公共服务部门,是"大事权"的概念。财政事权是政府事权的重要组成部分。考虑到我国完善社会主义市场经济制度、加快政府职能转变、推进法治化还需要一个过程,从合理划分财政事权入手破冰中央与地方事权划分改革,先局部后整体,既抓住了提供基本公共服务这一政府核心职责,又为全面推进事权划分改革积累经验,无疑具有很强的现实意义。

二、事权、支出责任

事权与支出责任在我国财政体制理论与实践中一直长期存在,但在十八届三中全会以前,这两个概念往往同时出现,含义基本相同,而且经常相互替代。十八届三中全会提出事权与支出责任相适应的要求后,学界与业界才开始重视两个概念之间的差异,对两者之间的关系进行研究。

关于事权,在前面已经有所解释,是指政府在从事公共事务中应当承担的职责以及所具有的、与职责相适应的公共管理的权力。支出责任则是政府事权在财政上的体现,是为实现事权责任而必须承担的筹措资金、安排支出的责任。事权强调职责的归属;而支出责任更强调履行事权的支出责任归属,强调由于履行事权而导致的财政资金的流出和支出的实现。

一般认为,事权和支出责任应该是一致的,拥有什么样的事权就要承担什

[①] 宋卫刚. 政府间事权划分的概念辨析及理论分析[M]. 经济研究参考,2003(27).

么样的支出责任,哪一级政权机构拥有提供某种公共物品的责任和权力,那么该级政府就要相应地承担为这种公共物品的生产提供成本即财政支出的责任。在这种情况下,自然也就不存在"事权与支出责任相适应"的问题了。但是考虑到公共产品的层次性、效益外溢性以及提供公共产品的效率性、公平性等因素,事权在各级政府之间的配置是非常复杂的,一项事权往往要由多级政府来共同参与、共同履行,这就需要资金保障能够同步跟进,通过明确各级政府的筹资责任满足各级政府执行事权的资金需要。如果支出责任跟不上,或者与事权不相适应,就会影响到公共产品的提供。

即便我们厘清了事权与支出责任在政府间的初始划分,如果事权出现了委托代理关系,也会造成事权与支出责任之间的不相适应。出于提高管理效率、节约成本、提高绩效的考虑,上级政府往往会将一部分属于自己的事权,采取委托的方式,交给下级政府来履行,从而形成了政府间事权的委托代理关系。这种关系的存在,就将事权划分为初始事权和亲为事权(或者称为亲历事权、执行事权、履行事权),其中,初始事权是指按照一定的规则划分的各级政府应该承担的事权;亲为事权是指实行委托代理后,各级政府自己亲力亲为组织实施的事权。同理,考虑政府间转移支付因素后,我们还可以将支出责任进一步细分为筹资责任和支付责任(或者称为花钱责任、用款责任)。一般情况下筹资责任和支付责任是统一的,一级政府想要支付自然需要自己筹钱,但是当出现委托和转移支付的情况后,筹资责任与支付责任就有可能产生错配,初始事权与亲为事权也会出现不一致的情形。比如上级委托下级的事权,初始事权仍然在上级政府,但亲为事权转移到下级政府;支付责任转移到了下级政府,但筹资责任仍然在上级政府。在这种情况下,事权与支出责任相适应,就应该分解为两个层面的意思,一个是初始事权要与筹资责任相适应,另一个则是亲为事权要与支付责任相适应。事权与支出责任的关系详见图1-1。

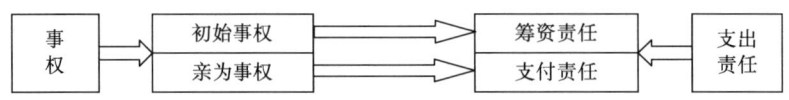

图1-1 事权与支出责任的关系

三、财权、财力

财权与财力，是常常与事权相提并论的两个概念，也是两个既相互联系又有所区别的概念。

财权，一般认为是指在法律规定框架内，某级政府筹集、掌握和支配税费收入的权力，按照这一解释财权主要包括税权、收费权等。倪红日（2007）认为财权是指在法律允许下的各级政府负责筹集和支配收入的财政权力[①]，按照这一解释财权不仅包括税权、收费权，还包括发债权等。

财力，一般认为是指一定时期内某级政府拥有的可安排使用以货币表示的财政资源。楼继伟（2013）从更高的层次解释财力，认为财力是指政府在一定时期内（通常为1年）可以直接或间接支配与使用的财政能力。

综合考虑倪红日、楼继伟的观点，财权是指财政权力，而财力是指财政能力，前者为法律赋予的权力，后者则为运用法律赋予权力所能实现或达到的能力。

需要注意的是，尽管财力是指一种财政筹资能力，但由于财力主要是用于对地方政府的公共服务能力进行评价以及不同地区间的横向比较，所以在计算财力的时候，一般不会将债务收入等通过举债实现的收入统计在内。从财政管理的实践来看，根据资金来源和使用权限的不同，财力又可区分为"自有财力""总财力""可用财力"。自有财力，是指在法律限定的财权内自行组织的税费收入，也就是人们常说的"本级财政收入"。总财力，是指本级收入加上级转移支付、下级上解收入后的财政总收入。可用财力，则是指总财力中扣除具有规定用途、只能专款专用的资金后，政府可统筹安排使用的财政收入。

同时，为了便于不同地区间的比较以及对地方政府公共服务能力进行评价，财力指标中使用更多的是人均财力指标。人均财力又进一步细分为按总人口计算的人均财力与按财政供养人口计算的人均财力。过去在传统财政保障模式下，保工资、保运转是财政工作的重点，财政供给与财政供养人口关联较大，按照财政供养人口计算的人均财力更能反映一个地区的财政能力状况。而

---

① 倪红日. 对中国政府间公共服务职责划分的研究[A]. 卢中原. 财政转移支付和政府间事权财权关系研究[C]. 北京：中国财政经济出版社，2007：95.

随着财政实力的不断增强以及财政保障范围的不断扩大，特别是民生政策范围的不断扩展，财政供给的范围已经远远突破了财政供养人口的范围，从而与当地总人口（常住人口）呈现出越来越高的关联程度。在这种情况下，按总人口计算的人均财力就更能体现以人为本的治国理念。

四、财权与事权、财力与事权、事权与支出责任

财政体制的核心是政府间财、事的划分问题。1994年分税制改革以来政府间财、事划分的原则经历了三次重大变化。一是1994年分税制改革时，在《国务院关于实行分税制财政管理体制的决定》（国发〔1993〕85号）中明确提出"事权与财权相结合原则"，并在实践中逐步总结为"财权与事权相匹配（或相统一）原则"。二是2007年党的十七大报告中首次提出"财力与事权相匹配原则"。三是2013年党的十八届三中全会又首次提出"事权与支出责任相适应"的要求。由此带来的问题就是如何理解和把握这三次大的原则和理论变化。

事权与财权一直是我国分级财政理论的基本要素，事权与财权的合理配置也是我国财政体制改革中必须解决好的一个核心问题，财权与事权相统一也始终是我国财政体制的一项基本原则和要求。随着改革的深入，财政体制实践中出现财权与事权不匹配的现象。党的十七大以后，我国财权与事权关系的处理原则也由"财权与事权相统一"过渡到"财力与事权相匹配"。对于这种调整和过渡，笔者认为，有其合理的地方，但也必须警惕可能存在的误导之处，因为财力与事权相匹配仅仅是完善财政体制的结果，以此指导分级财政实践，很有可能会使人忽视财权配置的重要性，以为可以绕过财权配置直接寻求财力与事权的一致。国内外的财政体制理论与实践都表明，财权的合理配置是实现财力与事权匹配的必经之路，因而是难以回避和不可忽视的。否则我们完全可以抛开分税制（收入划分）体制，回到统收统支的财政体制，将所有的收入全部划为中央级收入，地方各级所需资金由中央按照财力与事权相匹配的原则逐级核定拨付，这样岂不是更为简单明了。因此，笔者的观点是，应该在对相关概念的内涵进行重新界定的基础上，吸收争论两派的优点，对双方理论进行调和，在坚持财权与事权相统一的前提下，达到财力与事权相匹配的目标。

在我国的分级财政理论中，事权是指一级政府在公共事务和服务中应承担的任务和职责；财权是指一级政府为满足一定的支出需求而筹集财政收入的权力，形成自筹的财力。也就是说，事权究其实质是一种责任、职责，财权的实质则是一种权力。权力与责任自然应该是辩证统一的，权力以责任的存在为前提，责任以权力的相随为条件，没有权力的使用，责任自然也无从谈起和实现。因此，单从责任与权力的关系看，财权与事权自然应该是统一的。但是从另一方面看，财权与事权又是不统一或难以统一的。我国目前的财政体制理论仅仅将财权规定为地方政府自己直接组织收入、形成自筹财力的权力，即将财权的外延仅仅界定为税权、费权。在不考虑转移支付的情况下，由于财权与支出责任是依据不同的规则按照不同的方法进行划分的，财权与支出责任的统一只能是极其偶然的，不相符合才是常态的。特别是从财政分权的理论来看，按照财政分权原则建立的财政收支体系，财政收入体系往往是相对集权的，而财政支出体系则往往是分权的；同时，考虑到维护一个国家（或地区）的统一稳定，中央（上级）政府也往往控制着大部分的财政资源或在财政资源的分配上起着主导作用。这些都导致实现地方政府的财权与支出责任的统一和匹配几乎是不可能的。

从政府间财政关系看，无论转移支付是用于弥补资金缺口、实现均等化，还是矫正外部性或补偿上级委托事务支出，中央（上级）政府对地方（下级）政府的转移支付都应该是一种义务或责任，而不是对地方（下级）政府的施舍，下级政府有权力获得上级政府的转移支付，从而实现纵向和横向的平衡。因此，笔者认为，应进一步扩大财权的外延，财权不仅包括税权、费权，还应包括发债权以及接受转移支付的权力。财权外延扩大后，财权与事权相统一就成为一种可能乃至必须，地方政府在财权与事权相统一的指导原则和要求下，首先按照确定的收支划分体系组织收入（税权、费权），收入与支出之间存在的正常缺口以及矫正外部性、受托事务等方面的支出缺口，由上级政府通过转移支付安排补足（接受转移支付权），至此，就基本达到了财力与事权匹配的目标。在此基础上，下级政府仍然存在的基本建设、经济发展等其他方面的支出缺口，则由下级政府通过举借债务等方式融资解决（发债权）。

需要再次提醒和注意的是，将财权的外延扩大到发债权和接受转移支付权以后，绝不意味着下级政府自有收入权力变得不再重要。笔者始终认为，且在本书中也一再强调，任何情况下自有收入体系的建立和完善都要优先于转移支付体系，当多数下级政府的自有收入与支出责任严重背离，以致多数下级政府都要严重依赖上级的转移支付时，就必须考虑重新配置政府间的财权与事权，相应增加下级政府的自有收入，而不是仅仅增加转移支付规模。而当前的中国就明显处于这样一个地方普遍且大量依赖上级转移支付的阶段，地方收入体系的建设也因此成为地方财政体制改革的一个重要内容。

以上解释了财权与事权相统一、财力与事权相匹配的关系问题。那么如何理解十八届三中全会的"事权与支出责任相适应"与"财权与事权相统一""财力与事权相匹配"的关系呢？为什么解决事权问题不再涉及财权、财力了呢？笔者认为，2012年党的十八大报告中明确提出了"健全中央和地方财力与事权相匹配的体制"，从而确立了财政管理体制进一步改革所应遵循的原则，同时，十八届三中全会在提出"事权与支出责任相适应"之后还专门强调了"进一步理顺中央和地方收入划分"问题，因此，"事权与支出责任相适应"同"财力与事权相匹配"的内涵是一脉相承，只不过是将事权与支出责任相适应放到了需要先行解决的、更为重要的地位。进一步讲，"事权与支出责任相适应"对"财力与事权相匹配"不是替代或否定关系，而是发扬和承续关系，也就是要在财力与事权相匹配的大框架下，优先解决事权与支出责任的配置、适应问题。

五、事权与支出责任相适应、支出责任与事权相适应

从事权与支出责任的关系看，事权是起主导作用的，支出责任则是在事权的基础上，根据各级政府的职能和作用，遵循一定的原则，从支出的角度对事权进行落实和保障，因而是从属于和服务于事权的。因此，笔者认为，严格来讲，我国应该健全的是"支出责任与事权相适应"的制度，而不是"事权与支出责任相适应"的制度，也就是说，支出责任应主动与事权去适应，而不是事权主动去与支出责任相适应。从这个角度看，1994年分税制改革时提出的"事权与财权相结合"中"事权"与"财权"的相对关系也是值得商榷的。1994年国务院关于实行分税制的决定中提出，"按照中央与地方政府的事权划分，合理确定各级财政的支出范围；根据事权与财权相结合原则，将各税种统一划分为中央税、地方税和中央地方共享税，并建立中央税收和地方税收体系，分设中央与地方两套税务机构分别征管"。按照分税制的逻辑与思路，首先要划分事权，在此基础上，自然应该按照"财权与事权相结合"而不是

"事权与财权相结合"的原则划分收入。进一步分析可以看出，十七大提出的"财力与事权相匹配"的说法就符合财政体制要素的逻辑关系，事权作为政府间财政关系划分的逻辑起点，财力自然应该主动与事权相匹配，而不应事权与财力相匹配。

需要说明的是，尽管笔者认为科学、合理、规范的说法应该是"支出责任与事权相适应"而不是"事权与支出责任相适应"，但考虑到后者已经写入党中央的重要文件并被各方广泛接受，在本书中仍然继续沿用"事权与支出责任相适应"的说法。

第三节　研究思路与研究方法

一、研究思路

本书的具体研究思路是，在阐述分析事权与支出责任理论基础和文献综述的基础上，对我国政府间事权与支出责任划分的法律框架与现状进行梳理，对中央与地方以及地方政府之间的事权与支出责任划分进行了实证分析，对部分国家的事权与支出责任划分进行了比较分析。在此基础上，全面分析了我国政府间事权与支出责任划分中存在的问题，有针对性地总结了事权与支出责任划分改革的基本目标、基本原则、总体思路以及具体措施。

二、研究方法

1. 规范分析与实证分析相结合的研究方法。运用规范分析方法，分析推导出事权与支出责任划分的规范模式，明确"应该是什么"的问题；运用实证分析方法，对事权与支出责任划分的现状及问题进行实证分析，明确"实际是什么"的问题。规范分析与实证分析是本项目进行研究和论述的最主要的研究方法。

2. 横向比较与纵向比较相结合的研究方法。运用比较分析方法对部分国家的事权与支出责任划分进行横向比较分析，同时对2011年以来不同年度的事权与支出责任划分进行纵向比较分析。

3. 定性分析与定量分析相结合的研究方法。运用财政学基本原理对事权与支出责任划分进行定性分析，同时运用统计分析方法等对事权与支出责任划分的现状及问题进行定量分析。

4. 总量分析与结构分析相结合的研究方法。对政府间事权与支出责任划分的实证分析，不仅注重分析总量，更注重分析结构，从而能够更科学、更完整地揭示其本质和内涵。

第四节 主要内容与创新之处

一、主要内容

本书主要研究在我国现行中央与地方财政关系背景下的事权与支出责任划分问题，具体来说，就是要回答以下内容和问题：其他国家的事权与支出责任有哪些优点可供我国借鉴；我国当前事权与支出责任划分中存在的主要问题是什么；我国事权与支出责任划分改革的难点是什么；如何构建我国事权与支出责任划分的清单。结合这些问题，本书的研究内容安排如下：

第一章，引论。概括本书选题的背景、意义，并就涉及的一些重要概念逐一进行阐释和界定；同时总结了本书的研究思路以及所采用的研究方法，对报告的创新之处进行阐述。

第二章，理论基础与文献研究综述。总体上介绍了政府间财政关系基本理论要点，对国外、国内的研究现状进行了梳理和综述。

第三章，我国中央与地方政府事权与支出责任考察。对我国政府间事权与支出责任划分的法律框架进行梳理；分析了我国政府间事权与支出责任划分现状；对中央和地方政府间事权与支出责任配置进行了实证分析；以山东省为例，对我国地方政府间事权与支出责任划分进行实证分析。在上述基础上，全面分析了我国政府间事权与支出责任划分中存在的问题。

第四章，部分国家事权与支出责任划分的国际比较。对美国、德国、日本等国家的事权与支出责任划分进行比较，在此基础上总结归纳出对我国的启示与借鉴。

第五章，完善事权与支出责任相适应制度的构想。讨论了我国事权与支出责任划分的基本目标，应坚持的基本原则，应遵循的总体思路；提出要重新界定政府的职能和事权范围，合理划分和配置政府间的事权项目，应规范政府间的支出责任划分；同时，提出了理顺收入划分、改进转移支付体系等相关配套措施。

第六章，结论。对整个报告的研究进行总结，同时再次归纳总结报告的研究结论。

二、创新之处

本书可能的创新之处主要体现在以下几个方面：

一是对事权和支出责任做了进一步的细分。本书将事权划分为初始事权和亲为事权（或者称为亲历事权、执行事权、履行事权），相应地，支出责任进一步细分为筹资责任和支付责任（或者称为花钱责任、用款责任）。本书认为，一般情况下筹资责任和支付责任是统一的，一级政府想要支付自然需要自己筹钱，但是当出现委托和转移支付的情况后，筹资责任与支付责任就有可能错配，初始事权与亲为事权也会出现不一致的情形。在这种情况下，事权与支出责任相适应，就应该分解为两个层面的意思：一个是初始事权要与筹资责任相适应，另一个则是亲为事权要与支付责任相适应。

二是对事权与支出责任的关系进行了澄清。从事权与支出责任的关系看，事权是起主导作用的，支出责任则是在事权的基础上，根据各级政府的职能和作用，遵循一定的原则，从支出的角度对事权进行落实和保障，因而是从属于和服务于事权的。因此，严格来讲，我国应该健全的是"支出责任与事权相适应"的制度，而不是"事权与支出责任相适应"的制度。

三是对财权的内涵及外延做了重新界定。我国目前的财政体制理论仅仅将财权的外延界定为税权、费权。在不考虑转移支付的情况下，由于财权与事权责任是依据不同的规则按照不同的方法进行划分的，财权与事权责任的统一只能是极其偶然的，不相符合才是常态。本书结合权力与责任的辩证统一关系，对"财权与事权相统一"涉及相关概念的内涵做了重新界定，财权不仅包括税权、费权，还应包括发债权以及接受转移支付的权力。财权外延扩大后，财权与事权相统一就成为一种常态乃至必须，地方政府在财权与事权相统一的指导原则下，首先按照确定的收支划分体系组织收入（税权、费权），收入与支出之间存在的正常缺口以及矫正外部性、受托事务等方面的支出，由上级政府通过转移支付安排补足（接受转移支付权），至此，就基本达到了财力与事权匹配的目标。在此基础上，下级政府仍然存在的建设、发展等其他方面的支出缺口，则由下级政府通过举借债务等方式加以解决（发债权）。对"财权与事权相统一"的重新诠释，既在一定程度上解决了有关财权与事权、财力与事权关系的论争，也有利于更好地指导财政实践，有助于缓解地方特别是基层的财政困难。

四是对混合事权的划分进行了重点研究。事权划分的难点不在于纯中央、纯省和纯市县事权，难点在于混合事权，尤其是在一个五级政府框架内对各级的混合事权项目进行划分，就显得更为困难。因此，混合事权是目前所有事权中最多、最不规范、最不明确的因素，也是科学、合理划分政府间事权的重点和关键所在。对于混合事权，要根据各方受益程度，并充分考虑市、县、乡财政的承受能力，采取科学的分担方式，将混合事权在省以下各级政府间进行合理配置。混合事权的配置方式主要有两种。第一种是将事权进一步细化为若干小项，再将各个小项事权在各级政府间进行分配。第二种是在某项事权无法再细分，或不宜按照细分后的小项事权在政府间进行分配的情况下，可以设定共同参与各级的权责大小，明确主要承担方、次要承担方，或者以百分比的方式明确各级权责。

五是制定了较为完整的支出责任清单。首先结合现行的事权配置状况，对部分重点事权项目的划分做了调整和优化。在此基础上，研究确定了支出责任的划分原则和依据，并以此划清各级的支出责任，制定完整的支出责任清单。

六是提出了我国财政体制目标模式。鉴于五级政府的实际国情，提出了"分税制＋分成制"的混合财政体制模式，即在中央、省与地市之间构建规范的"分税制"财政体制，而在地市以下构建"分成制"的体制模式，从而使我国在一个"五级"政府框架下实现了具有"三级"（中央、省、地方）政府分税特征的财政体制。

第二章 理论基础与文献研究综述

第一节 理论基础

一、政府与市场关系理论

政府和市场作为两种基本的资源配置方式，在促进经济增长和社会进步方面各自扮演着重要的角色，处理好政府与市场关系问题对于正处在经济转型期的中国来说，具有十分重要的意义。而如何处理政府和市场的关系，也是一个世界性的课题。在市场经济条件下，资源配置的决定性作用是由市场自主发挥的，并通过竞争得以实现。市场这只"看不见的手"，通过供求——价格机制传递信息、调整优化经济结构；通过利益的驱动刺激竞争、实现优胜劣汰，促进技术进步，进而提高经济效率。在完全竞争的条件下，市场均衡是帕累托最优的，此时，政府对市场的任何干预都不会使世界变得更好，只会使这个世界变得更差，因此政府只需要充当"守夜人"的角色。

自从"看不见的手"提出以来，经济学家们对分析这种有效市场所需条件做出了不懈的努力。在这些分析中，经济学家们发现，在许多情况下，完全竞争市场毕竟只是理论上的理想状态。在市场机制引导下的人们谋求私利的经济行为，其结果是损害而不是促进了社会利益的极大化。因此，完全竞争性市场的条件是非常苛刻的，在现实经济活动中，满足所有这些条件是很困难的，如果其中的一个或几个条件不能达到，就可能出现市场失灵。所谓市场失灵，是指在资源配置的某些领域完全依靠市场机制的作用无法实现帕累托最优状态。市场失灵主要表现在公共产品的提供、垄断、外部效应、市场的不完全、信息不完全等，导致的主要结果就是资源配置低效、收入分配不公和宏观经济波动。

政府具有公共性、强制性、行政性和非营利性等特征，这就使得其在社会经济活动中的某些方面具有一定的优势，主要体现在保持社会经济秩序的稳定和解决社会公共性问题两方面，而这也正是市场的劣势。通过对政府与市场优劣特点的比较，我们可以将政府与市场的关系划分为相互替代、相互补充、完全排斥、共同失灵等不同的类别。要根据政府与市场的关系特点，科学合理地确定政府作用的范围和程度。

总之，市场在资源配置中起决定性作用，政府发挥作用的前提必须是市场机制的失灵。在市场机制有效时，政府的主要职能应是维护市场的运行，不应对经济进行干预；当市场失灵时，政府可以通过运用监管、税收、财政支出等各种政策工具矫正市场失灵，以提高资源配置效率，促进社会公平。

二、政府职能理论

市场失灵的客观存在，为政府干预经济活动提供了一个正当的"理由"，这就要求政府及其公共财政介入经济活动，承担起必要的职能。当前各级政府事权和支出责任不明确，其中一个重要原因是政府职能界定不清。明确政府职能并在不同级次政府间进行有效分担，是合理划分事权和支出责任的前提。

（一）政府与财政的职能

政府职能概括起来可分为三项：政治职能、社会职能和经济职能。

政治职能是最基本的职能，主要体现在维护国家主权和领土完整、国防和公共安全。政治职能往往在战争、内乱等特殊情况下才会充分发挥作用。在和平时期，则主要是实行政治统治，保障社会安定和维护公共安全。目前，人们对政治职能的认识并没有太多的分歧。

社会职能主要包括属于政府管辖的社会公共事务，如调节收入分配、社会保障、交通管制、医疗、社会救济、公共教育、保护环境等。

经济职能是指政府干预经济事务，对社会经济生活进行管理的职能。经济职能，最早是包括在政府的社会职能之中的。随着资本主义经济的发展，各国政府更多地干预经济事务，经济职能明显扩大，逐渐从社会职能中分化出来从而成为一项独立的职能，并随着经济社会的发展而越发重要。政府的经济职能主要体现在五方面：制定经济规范与维持市场秩序、保持宏观经济的稳定性、提供基础服务、培育市场体系、规范收入分配秩序（李齐云，2013）。

马斯格雷夫曾经指出，一个没有政府部门存在的自由市场经济，极有可能在三个基本方面存在功能失灵。一是即使自由市场经济在其运作过程中实现了充分就业，并且使其所有的资源都得到最有效的利用，也没有特别的理由认为，在这样一个过程中衍生的收入分配是公平的。二是完全不加管理的经济的运作，并不一定会导致较高且稳定的产出和就业水平。三是如果政府部门不存在，用于各种产品和服务的资源就有可能出现错配的情况。针对上述三个方面的功能失灵，我们可以发现，如果一个经济系统要想实现福利最优，其政府部门需要解决三个基本的经济问题：取得最公平的收入分配，维持稳定价格条件下的高就业水平，建立资源利用的有效方式①。这需要解决的三个基本经济问题，也就是财政的三大职能：收入分配职能、稳定经济职能和资源配置职能。

（二）政府与财政职能的划分

资源配置职能是指政府通过各种政策引导资源的流向和流量，以达到资源配置的帕累托改进。在市场失灵的现象中，公共品、外部性、规模递增、消费者偏好不合理和信息不对称导致的市场失灵属于资源配置有效性的问题。为矫正这类市场失灵，政府需要承担的职能包括：提供公共品；矫正外部性；维护市场竞争与秩序，控制垄断；加强立法，促进产品市场的信息沟通；矫正信息不对称和制止信息不对称情况下的逆向选择和道德风险行为。

由于中央政府和地方政府都要在不同的受益范围内提供公共产品，财政的资源配置职能一般由中央和地方政府共同承担。而地方政府与当地联系更为密切，对本地居民的需求和偏好具有信息优势，可根据地方实际情况配置资源，其资源配置的针对性较强，效率较高，因此资源配置职能应多由地方政府承担。对于地方性的公共基础设施和公共服务、城市维护和建设、地方交通运输

---

① 奥茨（Oates, W. E.）. 财政联邦主义 [M]. 陆符嘉. 南京：译林出版社，2012：5-6.

等，应主要由地方政府提供。但是，对处于地方而具有地区外溢性的项目，中央政府应参与解决。

市场经济讲究效率，然而以牺牲公平来保证的效率是无法持续的。如果社会分配不公，贫富差距过大，就会激化社会矛盾，破坏市场效率。市场机制无法消除社会成员在初始禀赋分配中的不公平，如果完全按照市场机制原则进行分配将导致社会成员的收入差距过大。因此，政府职能应介入收入分配领域，在初次分配阶段，要建立起合理的收入分配制度；在再分配过程中，可利用税收、转移支付和社会保障等手段，尽量缩小收入差距。

收入分配职能应以中央财政承担为主。收入分配包括两个方面：一是人与人之间的收入分配，即高收入者与低收入者之间的收入分配；另一个是地区之间的收入分配，即富裕地区与贫困地区之间的收入分配，最终落脚点也是人与人之间的收入分配和再分配的公平化。在这两方面，地方财政的作用都会受到限制。在生产要素可自由流动的前提下，地方政府企图通过对富人多征税和对穷人进行补助来改善收入分配产生的"驱逐"富人、"吸纳"穷人的效果，从而导致再分配政策失效；而地区间的收入再分配更是无法通过地方财政来实现。因此，需要由中央政府在全国范围内对收入分配进行调节。如制定全国统一的累进所得税，将财政资金在全国范围内统筹分配，一定程度上解决地区间基本公共服务均等化问题。需要指出的是，在要素不完全流动的情况下，地方政府能发挥一定的收入分配效应，其作用程度和空间范围取决于生产要素跨地区流动性的大小，流动性越大，地方财政发挥收入分配职能的可能性和空间范围越小，反之越大。随着市场经济体制的不断完善，地区间要素流动的各种体制性和人为因素造成的障碍逐渐消失，中央政府在收入分配方面的作用将越来越大。

市场机制的自发运行无法消除经济的周期性波动，需要政府的宏观调控，即应赋予政府稳定经济的职能。对此，政府可综合运用财政和货币政策，加强需求管理，努力保持总供给和总需求的平衡；运用产业政策，调整、优化产业结构，以实现物价稳定、就业充分、经济适度增长和对外贸易平衡等经济目标。

地方政府缺少稳定经济的政策工具，其为稳定经济而采取的财政措施易使利益渗漏到其他地方，再加上地区之间存在"税收竞争"等诸多因素，导致地方政府在稳定经济方面的作用很小，稳定经济职能应主要由中央政府承担①。

（三）政府与财政职能划分的再认识

财政联邦主义关于政府间财政职能划分的基本观点，自从提出以后被绝大多数经济学家所接受，并用于指导各国的实践。但随着经济全球化的发展，20世纪80年代以来，西方财政学者在财政联邦主义的基础上提出了所谓"新财政联邦主义"，对财政职能在各级政府间的划分提出了一些有别于传统的财政联邦主义的新看法②。

1. 资源配置职能。财政联邦主义认为，由于与中央政府相比，地方政府更接近自己的民众，也更了解辖区居民的需求，再加上"以足投票"理论的存在，使地方政府在提供公共产品方面比中央政府更有效率。新财政联邦主义并不否认地方政府在资源配置中所起的重要作用，但它同时也强调在经济全球化背景下，居民和企业不仅可以在一个国家内部各个地区间流动，而且也可以在不同国家间流动。在这种情况下，不仅地方政府要承担主要的资源配置职能，中央政府在促进资源的合理配置方面也要发挥重要作用。

2. 收入分配职能。财政联邦主义一般认为收入分配问题首先是地区贫困问题，地方政府单独实施收入分配职能可能会引起富人迁出和穷人迁入，从而使得收入分配问题更为严重和突出。新财政联邦主义在认同上述观点的同时，进一步强调收入分配问题更是一个地区发展问题。只有地区经济得到了发展，本地区居民的收入水平才有可能得到提高，而地区发展却恰恰又是地方政府的一项重要职责。所以新财政联邦主义认为地方政府在收入分配上具有不可推卸的责任和义务。

3. 宏观经济稳定职能。在市场经济条件下，各种生产要素可以在国内市场上自由流动，这就限制了地方政府在宏观经济稳定方面的作用。因此，财政联邦主义认为，地方政府的财政稳定措施通常是无效的，财政的宏观经济稳定职能应主要由中央政府来承担③。新财政联邦主义则认为，一方面，在经济全

---

① 四川省财政厅课题组. 政府间事权和支出责任划分研究［R］. 2014.
② 王德祥. 经济全球化与新财政联邦主义［A］. 中国财政学会. 第十五次全国财政理论讨论会文选［C］. 北京：中国财政经济出版社，2002.
③ 王玮. 地方财政学［M］. 武汉：武汉大学出版社，2006：62-64.

球化背景下，经济波动在各个国家之间也具有较强的"传染性"，不是一个国家所能够单独控制的，这就大大削弱了中央政府的宏观经济稳定能力。另一方面，一国范围内各地区的居民对失业和通货膨胀、对均等和增长的取舍和权衡也有明显不同，不同地区对一些经济波动的影响和反应也各不相同，因此由地方政府运用财政政策来平抑经济波动的作用可能会更大，地方政府的反周期政策甚至有可能优于中央政府的反周期政策。

总体来看，与财政联邦主义立足于国内资源的有效利用来认识财政职能的划分不同，新财政联邦主义更加着眼于全球范围内的资源有效配置。在新财政联邦主义看来，由于经济全球化的发展，客观上扩大了地方政府的财政职能，而与此同时中央政府的财政职能也发生了很大变化。

三、财政分权理论

财政分权在实践中是任何国家都十分重视且不容回避的一个问题，在理论上是当前财政研究的重要课题之一。在本书中，财政分权理论也是最主要的理论支持基础。从政府间财政关系的角度来看，财政分权是指通过法律等规范化形式，界定中央（或联邦）政府和地方各级政府间的财政收支范围，并赋予地方政府相应的预算管理权限，其核心是地方政府拥有一定程度的财政自主权。一般认为财政分权理论兴起于 Tiebout（1956）的经典论文《地方财政支出的纯理论》，该理论是为了解释地方政府的存在而产生和发展起来的。总体而言，财政分权理论主要致力于解决以下几个方面的问题：一是财政分权的理论依据，即各级政府间为什么要实行分权，地方政府存在的原因是什么；二是各级政府特别是地方政府的适度规模问题；三是如何进行财政分权的问题，即财政职能、财政收入如何在各级政府间进行划分；四是财政分权的效果问题，即运用实证研究的方法探讨和分析财政分权与经济增长的关系、财政分权与政府规模的关系、财政分权与政府治理的关系等。

我们将在本书中的文献研究综述部分就财政分权理论做进一步的分析和阐述。

第二节 文献研究综述

一、国外相关研究

事权与支出责任划分是财政体制的一项重要内容,它不仅是政府间财力分配的基本依据,而且是建立分级财政体制的逻辑起点和整个财政体制的运转基础。正如阿图·埃克斯坦(1983)所指出的,研究公共产品的层次性问题,确定哪一级政府最适合处理哪一项公共劳务,是公共财政经济学最有意义的问题之一。

(一) 为什么要分权

事权与支出责任划分理论属于财政分权理论研究的领域。从财政分权的研究进展情况看,蒂布特(Tiebout)之前的财政学理论研究中,均没有涉及多级政府问题,即为什么一个国家需要一个分权式的财政体制,或者说为什么在中央政府之外还需要设立地方政府和财政。1956年,蒂布特(Tiebout,1956)通过构建一个"以足投票"的地方政府模型,将公共产品理论中对全国性公共产品和服务需求的分析,扩展到对地方性公共产品的需求分析。由于居民流动性而导致的地方政府间的竞争,最终会使得地方政府能与市场自由竞争机制一样高效地提供地方性公共产品。

在蒂布特(Tiebout)模型基础上,乔治·施蒂格勒在1957年发表的《地方政府功能的有理范围》中,从两条基本原则出发,对为什么需要地方政府这一基本问题做了公理性解释。斯蒂格勒(Stigler,1957)认为,第一,与中央政府相比,地方政府更接近于自己的民众,因此比中央政府具有信息优势,能够更加了解辖区居民的效用与需求;第二,在同一国家内部,不同的人们有权对公共服务的种类和数量进行投票表决,也就是说,不同地区的居民应有权选择自己需要的公共服务的种类和数量。以上两条基本原则表明,为了实现资源配置的有效性和财富分配的公平性,决策应该在最低的政府层级进行。

奥茨(Oates,1972)吸收了蒂布特(Tiebout)模型的特点,比较了由中央政府集中供应和地方政府分散供应公共产品的效率,提出了著名的奥茨分权定理。如果一个国家只由中央政府提供公共产品,那么满足居民需求偏好的途径只有"用手投票"。而在中央政府和地方政府分工提供公共产品的情况下,满足居民需求偏好的途径除了"用手投票"的政治途径之外,还有"以足投票"的自由选择方式。因此,地方政府比中央政府具有更大的改善公共服务的积极性。同时,即便下级政府能够和上级政府提供同样的公共产品,由于地方政府相对于上级政府更具信息优势,由下级政府提供也会具有更高的效率。在上述分析的基础上,奥茨推导出他的"分权定理":"就某个公共产品而言,如果它的消费是根据总人口在某个地域上分布的子集确定的,同时,无论是通过中央政府,还是经由相应的地方政府,在每一个辖区提供该产品的各种不同产出水平的成本相同,那么,同中央政府向各个辖区提供任何具体且一致的产出水平相比,由地方政府向其相应辖区提供帕累托有效水平的产出总是更加有效(或者至少同样有效)。"他得出的结论是:中央政府只应提供具有广泛偏好的相同的公共产品;如果人口的异质性很强,需求偏好的差异性很大,那么地方政府在公共产品供给上的效率优势就会更加明显(奥茨,2012)。

特里西(Tresch,1981)对财政分权理论中把中央政府视为"全知全能的贤人政府"假设提出质疑,认为如果假定中央政府完全了解社会福利函数的偏好次序,那么中央政府就完全有能力调停地区冲突,介入不同地区间的收入再分配问题。但在这种情况下,地方政府只需按照中央政府的指示办事就可以实现公共产品最优供给,财政分权也就没有了必要。为此,特里西(Tresch,1981)提出了偏好误识问题,分析了由于偏好误识而导致中央政府在提供公共产品过程中出现失误,并最终得出了理论上应当要求地方自治来实现社会福利极大化的结论,从而为地方分权提供了更为有力的理论依据(平新乔,1995)。

(二)如何分权

在综合各类财政分权理论的基础上,罗伊·巴尔(Roy Bahl,2004)总结提炼出了财政分权的12项原则:①应该将财政分权看作一个综合系统;②职能改革先于财政收入改革;③中央政府应该具备较强的对分权进行管理和评估的能力;④单一的政府间体制无法同时满足城市和农村的要求;⑤分权需要地方具有相当大的税收立法权;⑥中央政府应该遵守自己制定的财政分权原则;⑦简化程序;⑧政府间转移支付制度的设计应该适应分权改革的目标;⑨财政分权应该考虑三个级别的政府；⑩实行严格的预算限制；⑪要认识到政府间拨款制度经常处于转变中，并对此进行计划；⑫财政分权应该有其拥护者。

布朗、杰克逊（2000）概括总结了财政联邦主义的 8 项原则：多样性原则、等价原则、集中再分配原则、区位中性原则、集中稳定原则、溢出效应原则、基本公共服务的最低供应原则、财政地位的平等性原则。

巴斯特布尔（Bostable）提出了划分中央支出与地方支出的三原则：一是受益原则。要根据受益范围的大小决定支出的承担者：受益对象是全体居民，相关的支出应由中央政府负责；受益对象是地方居民，所需要的支出应由地方政府负责。二是行动原则。凡政府公共服务必须实行统一规定的领域或活动的，其支出应归属中央政府；在实施过程中必须因地制宜的，则其支出应归属地方政府。三是技术原则。规模庞大、对技术程度要求比较高的政府活动和公共工程，应归中央政府管理，否则，应归属于地方政府的支出范围（许正中等，2002）。

塞里格曼（Seligman）提出了划分政府间支出的效率与支出规模原则。所谓效率原则，就是指针对某项事权及支出的归属，要看哪一级政府行使时更富有效率。所谓支出规模原则，就是要将支出规模大的事务给中央，而支出规模小的事务交给地方。

二、国内相关研究

（一）关于政府与市场的职能边界问题

刘方、黄卫挺（2014）提出，由于政府事权及支出责任划分不明确，近几年来政府参与市场、干预市场乃至成为市场主体的倾向非常明显，政府职能"越位"和"缺位"现象表现较为突出，这不利于社会主义市场机制的建立和完善。

卢洪友和张楠（2015）认为，尽管市场与政府的边界逐渐在理论层面得到确定，但在经济实际运行过程中，中国经济制度的核心仍然是政府，政府的范畴大于市场的范畴。政府通过货币金融政策、财政体制、庞大的国有企业、行政审批等，调节经济，干预市场。社会组织呈现碎片化与无助化格局，还不具有足以承接政府部分公共职能的能力。

李祥云等（2017）提出，应根据我国市场经济的培育程度，初步弄清楚哪些事权政府应该退出，哪些事权应该逐步纳入政府事权范围，进而寻求政府与市场间职责分配的合理方式。

李大庆（2017）认为，事权在法律谱系中的定位等同于国家责任，这是一个宪法上的概念。因此事权划分的逻辑起点也应当遵循宪法的首要原则，即以公民基本权利为本位，同时遵循市场优先的原则，客观划定政府事权与市场竞争的界限。

（二）关于事权的概念问题

倪红日（2006）认为事权主要指的是公共服务的职责，所以应当将事权的说法变为公共服务职责。

楼继伟（2013）认为事权是不同层级政府的职能，是政府职能在不同层级政府之间的划分。

李齐云和马万里（2012）认为，事权即政府的职能，而政府的主要职能是向社会提供公共物品。

（三）关于政府间的事权划分问题

宋立（2007）认为，地方政府的事权几乎都是中央政府的事权延伸或细化，各级政府对同一事务"齐抓共管"，责任不清，常常相互推诿。王剑（2012）认为，目前我国各级政府之间在公共服务具体事项划分中主要实行公共物品属性、行政隶属关系和属地原则等三个标准，这三个标准无疑不是完全一致的，从而直接造成了各级政府之间的职能错位。

柯华庆（2013）提出，事权及支出责任划分不合理在一定程度上带来了地方政府的债务积累，上级政府将事责（支出责任）下移，下级政府就将事责后移。

赵云旗（2015）认为造成政府间财政事权界定不清晰的原因有多种，具体包括政府职能转变不到位、政府间事权界定模糊、政治体制有局限性、划分中实行多重标准、对支出理论理解不全面、政府间支出责任划分缺乏法制条件等。

张光（2017）认为，中央与地方共同财政事权泛化、转移支付规模过大的问题，需要党中央和国务院做出能够克服强势部门和地区利益的政治决断。

（四）关于财力与事权匹配问题

刘尚希、邢丽（2008）认为事权、财权与财力是现代财政体制三个根本要素，而事权合理划分是调节财力与财权的前置条件，关系着政府间财政关系的协调与否。王希岩（2013）认为，中央政府承担的事权尤其是直接支出责任相对不足，地方政府尤其是基层地方政府承担了过多的实际支出责任。

刘兴云（2013）提出，地方政府承担责任较多，地方政府缺乏主体税种、区域发展不平衡、财政收支区域差距较大以及转移支付制度不规范，再加上"省直管县"体制的缺陷以及"乡财县管"体制有待完善等，这一切构成了省级以下财政体制的扭曲和矛盾。

王东辉（2016）提出，政府拥有多少事权，相应地就要承担多少责任，需要多少支出。但往往较高层级的政府拥有较多的税收权，而较低层级的政府负担较重的事责，财力和权责不相当。当低层级政府的自有财力无法满足其尽责需要时，高层级政府可以通过转移支付予以支持，可如果高层级政府的转移支付不足，或者低层级政府以"事权"名义超额索取转移支付，就会导致政府权责未尽、资金效率低下等后果。

马万里（2017）指出，"项目治国"下的政府间转移支付对地方政府和事权与支出责任的有效履行产生了诸多不利影响，因此，按照事权和支出责任相适应的要求，政府间事权和支出责任划分，必须结合政府间转移支付功能的合理定位。否则，中央政府通过转移支付的形式下放事权和支出责任便无法避免，而地方政府行为取向的差异又会降低公共支出地方化的效果，从而无法保障事权和支出责任相适应，不利于各级政府事权和支出责任的有效履行。

（五）关于事权与支出责任的关系问题

马万里（2013）提出，所谓事权是政府基于其公益性，承担提供公共产品的权力，这一权力投射在支出范畴则成了政府的支出责任。

陈冰波（2014）对事权和支出责任的内涵进行了研究，将支出责任分为筹资责任和支付责任，认为事权与支出责任相适应，就是指初始事权要与筹资责任相适应，事权履行要与支付责任相适应。

柯华庆（2013）将政府决定提供公共服务称为事权，将承担支出责任称为事责，认为事权相当于请客，事责相当于买单。

贾康（2014）认为，事权就是职能作用的定位，应该在把事权明细单在中央、省和市县这样一个三级框架之下对应到预算支出科目，这些支出科目就代表着支出责任。

徐阳光（2014）认为，"事权与支出责任相适应"应当包括纵向与横向两个层面的要求。纵向层面，须根据事务的外部性、信息复杂程度和激励相容原则来确定上下级政府之间的事权划分，明晰各级政府的支出责任；横向层面，须明确同级政府内部各部门之间的事权与支出责任，应当坚持一项事权原则上由一个部门负责，避免出现部门之间的事权重叠或相互推诿现象。

于树一（2017）认为，只有花自己的钱办自己的事才能又节约、又高效，因此要把花钱（支出责任）和办事（事权）之间的关系处理好，把有限的财政资源用好，实现财政支出方的权责对等，这也是财政体制支出一端的改革最终要实现的目标。

（六）关于事权与支出责任的法治化问题

寇铁军（2006）考察了主要西方发达国家的政府间事权与财权关系后，提出我国政府间财力与事权匹配的法律安排的选择，即修正我国的宪法，以国家基本大法的形式规范我国政府间财力与事权相匹配；制定财政基本法，明确中央与地方的确切职能以及中央与地方政府的财权分配；制定中央与地方关系法来规范中央与地方政府财力与事权相匹配，并与其他关于中央与地方政府收入划分、财政支出和转移支付方面的法律（如预算法、税法和转移支付法）相配合。

周波（2009）着重从法制化的角度探讨如何建立财力与事权相匹配的财税体制问题，主张应避免局限于从现行的行政式财政分权视角考虑问题，应从法律体系切入，逐步使政府间职责权限和支出责任由宪法或法律明确规定和具体划分，最终实现政府间事权、财权划分法治化和政府间财力与事权相匹配。

刘新凤（2011）认为，从立法上看，我国并没有一部专门的法律去规定中央、地方政府的事权与支出责任，这增大了政府行为随意性的可能。

（七）关于完善事权与支出责任划分的原则

齐守印（2003）认为，政府间财政支出责任优化配置的主要原则，首要的是政府间财政支出责任纵向配置与公共经济责权的纵向配置格局总体上相一致，其次还要遵循纠正效益外溢性的成本补偿原则、财政支出责任划分与辖区居民受益紧密衔接原则、财政支出责任配置与财政收入筹集能力相适应原则，后三个原则是第一个原则针对不同情况的具体深化和延伸。

遵循现代国家的方向，楼继伟（2013）提出了事权划分的三条原则与标准：一是外部性。如果某项活动的外部性只是使一个地方得益，或者只是使一个地方受损害，这个事情就应该交给这个地方来管理；如果其外部性是跨区域的，应该由更高的区域级别政府管理。二是信息复杂性。信息越复杂、越可能造成信息不对称的事项，越应该让地方管理；而信息复杂程度低一点、属于全局性的事务适合国家来管理；如果按照信息的复杂程度，应该由地方政府来管理的事务，同时又具有跨地区的外部性，可以由地方政府管理，中央政府提供帮助。三是激励相容。各级政府按照确定的事权和支出责任划分，做好属于自己的事权和支出责任，实现自身利益的最大化，客观上就可以实现全社会的利益最大化。

（八）关于改进事权与支出责任划分思路

贾康、白景明（2003）以及曾康华（2014）认为，清晰划分各级政府事权，增加中央政府在基础教育、公共医疗、社会保障和公共安全等方面的事权，坚持支出责任与事权相匹配原则，规范转移支付程序，是化解地方债务风险和实现基本公共服务均等化的必由之路。

黄凰（2010）提出，应逐渐剥离地方政府的经济建设职能，促进其职能转变，并加快研究制定相关法律，明确省级以下的各级政府事权。

柯华庆（2013）提出，要进一步加强中央财政集权，清晰划分各级政府事权，增加中央政府在基础教育、公共医疗、社会保障和公共安全等方面的事权。

白景明等（2015）进一步指出，应遵循自上而下的顺序，首先调整中央与地方的事权划分，采用"中央有限列举、剩余归属地方"的方式，确定广泛达成共识的中央政府的职责范围，之后将与全省建设与发展相关的事务集中至省级，直接面向基层、由基层管理更加有效的事项则交与市县级政府，明晰的事权划分将促进各级政府职能优势和积极性的发挥。

李祥云等（2017）提出，应在对政府事权合理分类的基础上，纵向上，厘清中央专有、地方专有及中央与地方共享事权，并注意中央委托地方事权中支出责任的具体履行，从而有助于各级政府的财力、信息等优势得到充分发挥；横向上，在交叉事权较多的同级政府各部门间，从实际情况出发，将涉农、林业、扶贫等需要合作完成事项的责任与事权划分合理化。

寇明凤（2015）指出，事权和支出责任牵涉面较广，涉及政府职能、行政体制改革、政府层级设置、立法等方面，仅从公共经济学和财政学的角度进行研究理论视野相对较窄，在实际改革层面上仅从财政体制角度推进，会缺少整体改革的联动效应，甚至阻碍重重。今后事权和支出责任划分的研究要从学科视野和实际改革两方面同时推进，才能取得较好的研究成果，并推动实际改革的进行。

三、简要评述

以上的研究梳理和回顾表明，尽管目前各界对事权与支出责任划分中存在的问题已经达成共识，但对如何认识事权与支出责任之间的关系，如何调整完善政府间的事权与支出责任划分，如何健全事权与支出责任相适应的制度，尚没有提供全面而完整的解决方案。

正如寇明凤（2015）所指出的，尽管许多学者对事权和支出责任的内涵、划分方式、难点与问题做了深入的理论探讨，并针对出现的问题提出了一些改革的思路和方案，但是当前的研究大部分还属于理论层面的探讨，或者处于理论思路的拓宽阶段，并没有针对实际中的问题进行调研求证，所以改革思路和方案的可行性值得商榷。

也就是说，在明晰政府间事权清单的基础上，构建政府间的支出责任清单，最终形成一张事权与支出责任相适应的政府间责任分工一览表和分工图，是我们下一步的重点工作。本书将以中央与地方以及省以下地方各级政府的财政关系为研究对象，对各级政府间事权与支出责任配置的现状及问题进行全面分析，相应地提出改革完善措施和建议，为建立事权与支出责任相适应的制度提供决策参考。

第三章　我国中央与地方政府事权与支出责任考察

第一节　我国政府间事权与支出责任划分的法律框架

为了厘清政府间事权与支出责任划分，我们首先需要从法律法规层面，对我国政府间的事权和责任划分进行一个全面梳理。总体来看，目前，我国界定中央和地方政府职责划分的法律法规体系可分为四个层面：第一层面是宪法；第二层面是组织法，包括《国务院组织法》《地方各级人民代表大会和地方各级人民政府组织法》等；第三层面是专项法，包括《中华人民共和国义务教育法》《突发公共卫生事件应急条例》《中华人民共和国环境保护法》；第四层面是规范性文件，包括《国务院关于实行分税制财政管理体制的决定》《中华人民共和国预算法实施条例》以及《工伤保险条例》《城市居民最低生活保障条例》等。

一、宪法的总体规定

我国政府间职责和事权划分的总体原则及框架规定，主要来自于《宪法》的相关条款。

《宪法》第三十条确立了我国的行政区域划分。明确规定，"全国分为省、自治区、直辖市；省、自治区分为自治州、县、自治县、市；县、自治县分为乡、民族乡、镇；直辖市和较大的市分为区、县；自治州分为县、自治县、市",从而确立了我国的五级行政管理体制。

《宪法》第三条确立了我国中央政府与地方政府职能和事权配置的总体原则,即"中央和地方的国家机构职权的划分,遵循在中央的统一领导下,充分发挥地方的主动性、积极性的原则"。

《宪法》第八十九条原则规定了国务院的职权,具体包括统一领导全国地方各级国家行政机关的工作、编制和执行国民经济和社会发展计划和国家预算等18项事权。

《宪法》第一百零七条原则规定了县级以上地方各级人民政府以及乡、民族乡、镇的人民政府的职权。其中,县级以上地方各级人民政府依照法律规定的权限,管理本行政区域内的经济、教育、科学、文化、卫生、体育事业、城乡建设事业和财政、民政、公安、民族事务、司法行政、监察、计划生育等行政工作,发布决定和命令,任免、培训、考核和奖惩行政工作人员;乡、民族乡、镇的人民政府执行本级人民代表大会的决议和上级国家行政机关的决定和命令,管理本行政区域内的行政工作。

二、相关法律法规对政府职能划分的规定情况

在《宪法》的框架下,《地方各级人民代表大会和地方各级人民政府组织法》《教育法》《社会保险法》等法律法规也对中央与地方的职能与事权配置和划分做了相应的规定。《宪法》以及其他相关法律法规对中央与地方职能和事权划分的规定情况详见表3-1。

表3-1 有关法律法规对中央与地方职权划分规定情况表

法律名称	政府层级	职权划分规定
《中华人民共和国宪法》	国务院	根据宪法和法律,规定行政措施,制定行政法规,发布决定和命令;规定各部和各委员会的任务和职责,统一领导各部和各委员会的工作,并且领导不属于各部和各委员会的全国性的行政工作;统一领导全国地方各级国家行政机关的工作,规定中央和省、自治区、直辖市的国家行政机关的职权的具体划分;领导和管理经济工作和城乡建设;领导和管理教育、科学、文化、卫生、体育和计划生育工作;领导和管理民政、公安、司法行政和监察等工作;管理对外事务,同外国缔结条约和协定;领导和管理国防建设事业;领导和管理民族事务,保障少数民族的平等权利和民族自治地方的自治权利;保护华侨的正当权利和利益,保护归侨和侨眷的合法权利和利益。

续表

法律名称	政府层级	职权划分规定
《中华人民共和国宪法》	县级以上地方各级人民政府	依照法律规定的权限，管理本行政区域内的经济、教育、科学、文化、卫生、体育事业、城乡建设事业和财政、民政、公安、民族事务、司法行政、监察、计划生育等行政工作，发布决定和命令，任免、培训、考核和奖惩行政工作人员。
	乡、民族乡、镇的人民政府	执行本级人民代表大会的决议和上级国家行政机关的决定和命令，管理本行政区域内的行政工作。
《中华人民共和国地方各级人民代表大会和地方各级人民政府组织法》	县级以上的地方各级人民政府	执行本级人民代表大会及其常务委员会的决议，以及上级国家行政机关的决定和命令，规定行政措施，发布决定和命令；领导所属各工作部门和下级人民政府的工作；执行国民经济和社会发展计划、预算，管理本行政区域内的经济、教育、科学、文化、卫生、体育事业、环境和资源保护、城乡建设事业和财政、民政、公安、民族事务、司法行政、监察、计划生育等行政工作；保护社会主义的全民所有的财产和劳动群众集体所有的财产，保护公民私人所有的合法财产，维护社会秩序，保障公民的人身权利、民主权利和其他权利；保护各种经济组织的合法权益；保障少数民族的权利和尊重少数民族的风俗习惯，帮助本行政区域内各少数民族聚居的地方依照宪法和法律实行区域自治，帮助各少数民族发展政治、经济和文化的建设事业；保障宪法和法律赋予妇女的男女平等、同工同酬和婚姻自由等各项权利。
	乡、民族乡、镇的人民政府	执行本级人民代表大会的决议和上级国家行政机关的决定和命令，发布决定和命令；执行本行政区域内的经济和社会发展计划、预算，管理本行政区域内的经济、教育、科学、文化、卫生、体育事业和财政、民政、公安、司法行政、计划生育等行政工作；保护社会主义的全民所有的财产和劳动群众集体所有的财产，保护公民私人所有的合法财产，维护社会秩序，保障公民的人身权利、民主权利和其他权利；保护各种经济组织的合法权益；保障少数民族的权利和尊重少数民族的风俗习惯；保障宪法和法律赋予妇女的男女平等、同工同酬和婚姻自由等各项权利。

续表

法律名称	政府层级	职权划分规定
《中华人民共和国教育法》	国务院	国务院和地方各级人民政府根据分级管理、分工负责的原则，领导和管理教育工作。 高等教育由国务院和省、自治区、直辖市人民政府管理。 国务院教育行政部门主管全国教育工作，统筹规划、协调管理全国的教育事业。
	地方政府	中等及中等以下教育在国务院领导下，由地方人民政府管理。 县级以上地方各级人民政府教育行政部门主管本行政区域内的教育工作。 县级以上各级人民政府其他有关部门在各自的职责范围内，负责有关的教育工作。 地方各级人民政府及其有关行政部门必须把学校的基本建设纳入城乡建设规划，统筹安排学校的基本建设用地及所需物资，按照国家有关规定实行优先、优惠政策。
《中华人民共和国义务教育法》	国务院	义务教育实行国务院领导，省、自治区、直辖市人民政府统筹规划实施，县级人民政府为主管理的体制。 国务院教育行政部门和省、自治区、直辖市人民政府根据需要，在经济发达地区设置接收少数民族适龄儿童、少年的学校（班）。 国务院和地方各级人民政府将义务教育经费纳入财政预算。国务院和地方各级人民政府用于实施义务教育财政拨款的增长比例应当高于财政经常性收入的增长比例。 义务教育经费投入实行国务院和地方各级人民政府根据职责共同负担，省、自治区、直辖市人民政府负责统筹落实的体制。农村义务教育所需经费，由各级人民政府根据国务院的规定分项目、按比例分担。
	地方政府	县级以上地方人民政府根据本行政区域内居住的适龄儿童、少年的数量和分布状况等因素，按照国家有关规定，制定、调整学校设置规划。 县级人民政府根据需要设置寄宿制学校，保障居住分散的适龄儿童、少年入学接受义务教育。 县级以上地方人民政府根据需要设置相应的实施特殊教育的学校（班），对视力残疾、听力语言残疾和智力残疾的适龄儿童、少年实施义务教育。 县级以上地方人民政府根据需要，为具有预防未成年人犯罪法规定的严重不良行为的适龄少年设置专门的学校实施义务教育。 县级以上地方人民政府定期对学校校舍安全进行检查；对需要维修、改造的，及时予以维修、改造。 地方各级人民政府在财政预算中将义务教育经费单列。

续表

法律名称	政府层级	职权划分规定
《中华人民共和国职业教育法》	国务院	国务院教育行政部门负责职业教育工作的统筹规划、综合协调、宏观管理。国务院教育行政部门、劳动行政部门和其他有关部门在国务院规定的职责范围内，分别负责有关的职业教育工作。
	地方政府	县级以上地方各级人民政府应当加强对本行政区域内职业教育工作的领导、统筹协调和督导评估。 县级以上地方各级人民政府应当举办发挥骨干和示范作用的职业学校、职业培训机构，对农村、企业、事业组织、社会团体、其他社会组织及公民个人依法举办的职业学校和职业培训机构给予指导和扶持。 县级以上各级人民政府和有关部门应当将职业教育教师的培养和培训工作纳入教师队伍建设规划，保证职业教育教师队伍适应职业教育发展的需要。
《中华人民共和国社会保险法》	中央政府	国家建立基本养老保险、基本医疗保险、工伤保险、失业保险、生育保险等社会保险制度，保障公民在年老、疾病、工伤、失业、生育等情况下依法从国家和社会获得物质帮助的权利。国务院社会保险行政部门负责全国的社会保险管理工作，国务院其他有关部门在各自的职责范围内负责有关的社会保险工作。
	地方政府	县级以上人民政府将社会保险事业纳入国民经济和社会发展规划；采取措施，鼓励和支持社会各方面参与社会保险基金的监督。县级以上地方人民政府社会保险行政部门负责本行政区域的社会保险管理工作，县级以上地方人民政府其他有关部门在各自的职责范围内负责有关的社会保险工作。
《工伤保险条例》	国务院	国务院社会保险行政部门负责全国的工伤保险工作。 国务院社会保险行政部门应当定期了解全国各统筹地区工伤保险基金收支情况，及时提出调整行业差别费率及行业内费率档次的方案，报国务院批准后公布施行。
	地方政府	县级以上地方各级人民政府社会保险行政部门负责本行政区域内的工伤保险工作。 工伤保险基金逐步实行省级统筹。

续表

法律名称	政府层级	职权划分规定
《城市居民最低生活保障条例》	国务院	国务院民政部门负责全国城市居民最低生活保障的管理工作。
	地方政府	城市居民最低生活保障制度实行地方各级人民政府负责制。县级以上地方各级人民政府民政部门具体负责本行政区域内城市居民最低生活保障的管理工作；财政部门按照规定落实城市居民最低生活保障资金；统计、物价、审计、劳动保障和人事等部门分工负责，在各自的职责范围内负责城市居民最低生活保障的有关工作。 县级人民政府民政部门以及街道办事处和镇人民政府负责城市居民最低生活保障的具体管理审批工作。 城市居民最低生活保障所需资金，由地方人民政府列入财政预算，纳入社会救济专项资金支出项目，专项管理，专款专用。
《中华人民共和国传染病防治法》	国务院	国务院卫生行政部门主管全国传染病防治及其监督管理工作。 国务院卫生行政部门根据传染病暴发、流行情况和危害程度，可以决定增加、减少或者调整乙类、丙类传染病病种并予以公布。 其他乙类传染病和突发原因不明的传染病需要采取本法所称甲类传染病的预防、控制措施的，由国务院卫生行政部门及时报经国务院批准后予以公布、实施。需要解除依照前款规定采取的甲类传染病预防、控制措施的，由国务院卫生行政部门报经国务院批准后予以公布。 国务院卫生行政部门和省、自治区、直辖市人民政府卫生行政部门，根据传染病预防、控制的需要，制定传染病预防接种规划并组织实施。 国务院卫生行政部门制定国家传染病监测规划和方案。 国务院卫生行政部门和省、自治区、直辖市人民政府根据传染病发生、流行趋势的预测，及时发出传染病预警，根据情况予以公布。 国务院卫生行政部门定期公布全国传染病疫情信息。
	地方政府	县级以上地方人民政府卫生行政部门负责本行政区域内的传染病防治及其监督管理工作。 省、自治区、直辖市人民政府对本行政区域内常见、多发的其他地方性传染病，可以根据情况决定按照乙类或者丙类传染病管理并予以公布，报国务院卫生行政部门备案。 省、自治区、直辖市人民政府卫生行政部门根据国家传染病监测规划和方案，制定本行政区域的传染病监测计划和工作方案。 县级以上地方人民政府应当制定传染病预防、控制预案，报上一级人民政府备案。 省、自治区、直辖市人民政府卫生行政部门定期公布本行政区域的传染病疫情信息。

续表

法律名称	政府层级	职权划分规定
《突发公共卫生事件应急条例》	国务院	国务院卫生行政主管部门和其他有关部门，在各自的职责范围内做好突发事件应急处理的有关工作。 国家对边远贫困地区突发事件应急工作给予财政支持。
	地方政府	县级以上地方人民政府卫生行政主管部门，具体负责组织突发事件的调查、控制和医疗救治工作。县级以上地方人民政府有关部门，在各自的职责范围内做好突发事件应急处理的有关工作。 县级以上各级人民政府应当组织开展防治突发事件相关科学研究，建立突发事件应急流行病学调查、传染源隔离、医疗救护、现场处置、监督检查、监测检验、卫生防护等有关物资、设备、设施、技术与人才资源储备，所需经费列入本级政府财政预算。
《中华人民共和国农业法》	各级人民政府	各级人民政府在财政预算内安排的各项用于农业的资金应当主要用于：加强农业基础设施建设；支持农业结构调整，促进农业产业化经营；保护粮食综合生产能力，保障国家粮食安全；健全动植物检疫、防疫体系，加强动物疫病和植物病、虫、杂草、鼠害防治；建立健全农产品质量标准和检验检测监督体系、农产品市场及信息服务体系；支持农业科研教育、农业技术推广和农民培训；加强农业生态环境保护建设；扶持贫困地区发展；保障农民收入水平等。县级以上各级财政用于种植业、林业、畜牧业、渔业、农田水利的农业基本建设投入应当统筹安排，协调增长。应当鼓励和支持企业事业单位及其他各类经济组织开展农业信息服务。应当采取措施，提高农业防御自然灾害的能力，做好防灾、抗灾和救灾工作，帮助灾民恢复生产，组织生产自救，开展社会互助互济；对没有基本生活保障的灾民给予救济和扶持。
	县级以上人民政府	中央和县级以上地方财政每年对农业总投入的增长幅度应当高于其财政经常性收入的增长幅度。县级以上人民政府每年财政预算内安排的各项用于农业的资金应当及时足额拨付。
《中华人民共和国农业技术推广法》	国务院	国务院农业、林业、水利等部门按照各自的职责，负责全国范围内有关的农业技术推广工作。国家逐步提高对农业技术推广的投入。中央财政对重大农业技术推广给予补助。
	各级人民政府	各级人民政府在财政预算内应当保障用于农业技术推广的资金，并按规定使该资金逐年增长。各级人民政府通过财政拨款以及从农业发展基金中提取一定比例的资金的渠道，筹集农业技术推广专项资金，用于实施农业技术推广项目。

续表

法律名称	政府层级	职权划分规定
《中华人民共和国农业技术推广法》	县级以上人民政府	县级以上地方各级人民政府农业技术推广部门在同级人民政府的领导下，按照各自的职责，负责本行政区域内有关的农业技术推广工作。同级人民政府科学技术部门对农业技术推广工作进行指导。同级人民政府其他有关部门按照各自的职责，负责农业技术推广的有关工作。各级人民政府应当采取措施，保障国家农业技术推广机构获得必需的试验示范场所、办公场所、推广和培训设施设备等工作条件。
	县、乡政府	县、乡镇国家农业技术推广机构的工作经费根据当地服务规模和绩效确定，由各级财政共同承担。县、乡镇国家农业技术推广机构应当组织农业劳动者学习农业科学技术知识，提高其应用农业技术的能力。
《中华人民共和国水污染防治法》《中华人民共和国环境保护法》	中央政府	国务院环境保护主管部门制定国家水环境质量标准。国务院环境保护主管部门根据国家水环境质量标准和国家经济、技术条件，制定国家水污染物排放标准。国家确定的重要江河、湖泊的流域水污染防治规划，由国务院环境保护主管部门会同国务院经济综合宏观调控、水行政等部门和有关省、自治区、直辖市人民政府编制，报国务院批准。国务院有关部门和县级以上地方人民政府开发、利用和调节、调度水资源时，应当统筹兼顾，维持江河的合理流量和湖泊、水库以及地下水体的合理水位，维护水体的生态功能。
	县级以上人民政府	省、自治区、直辖市人民政府可以对国家水环境质量标准中未作规定的项目，制定地方标准，并报国务院环境保护主管部门备案。县级以上人民政府应当将水环境保护工作纳入国民经济和社会发展规划。应当采取防治水污染的对策和措施，对本行政区域的水环境质量负责。县级以上人民政府环境保护主管部门对水污染防治实施统一监督管理。交通主管部门的海事管理机构对船舶污染水域的防治实施监督管理。县级以上人民政府水行政、国土资源、卫生、建设、农业、渔业等部门以及重要江河、湖泊的流域水资源保护机构，在各自的职责范围内，对有关水污染防治实施监督管理。地方各级人民政府应当对本行政区域的环境质量负责。
《中华人民共和国证券法》	国务院	国务院证券监督管理机构依法对全国证券市场实行集中统一监督管理。国务院证券监督管理机构根据需要可以设立派出机构，按照授权履行监督管理职责。
《中华人民共和国银行业监督管理法》	国务院	国务院银行业监督管理机构负责对全国银行业金融机构及其业务活动监督管理的工作。国务院银行业监督管理机构根据履行职责的需要设立派出机构。国务院银行业监督管理机构对派出机构实行统一领导和管理。

第二节　我国政府间事权与支出责任划分现状

一、中央与地方的事权与支出责任划分

1994年实施分税制改革时,国务院也对中央与地方的事权和支出责任划分进行了明确（见表3-2）。

表3-2　　　　　　1994年分税制改革时的事权与支出责任划分

政府层级	事权	支出责任
中央	国家安全,外交,中央国家机关运转,调整国民经济结构,协调地区发展,实施宏观调控,中央直接管理的事业发展	国防费,武警经费,外交和援外支出,中央级行政管理费,中央统管的基本建设投资,中央直属企业的技术改造和新产品试制费,地质勘探费,由中央财政安排的支农支出,由中央负担的国内外债务的还本付息支出,以及中央本级负担的公检法支出和文化、教育、卫生、科学等各项事业费支出
地方	地方政权机关运转,地区经济、事业发展	地方行政管理费,公检法支出,部分武警经费,民兵事业费,地方统筹的基本建设投资,地方企业的技术改造和新产品试制经费,支农支出,城市维护和建设经费,地方文化、教育、卫生等各项事业费,价格补贴支出以及其他支出

事权方面,中央财政主要承担国家安全、外交和中央国家机关运转所需经费,调整国民经济结构、协调地区发展、实施宏观调控所必需的支出以及由中央直接管理的事业发展支出。地方财政主要承担本地区政权机关运转所需支出以及本地区经济、事业发展所需支出。

支出责任方面,中央承担的支出项目具体包括:国防费,武警经费,外交和援外支出,中央级行政管理费,中央统管的基本建设投资,中央直属企业的技术改造和新产品试制费,地质勘探费,由中央财政安排的支农支出,由中央负担的国内外债务的还本付息支出,以及中央本级负担的公检法支出和文化、教育、卫生、科学等各项事业费支出;地方承担的支出项目具体包括:地方行

政管理费，公检法支出，部分武警经费，民兵事业费，地方统筹的基本建设投资，地方企业的技术改造和新产品试制经费，支农支出，城市维护和建设经费，地方文化、教育、卫生等各项事业费，价格补贴支出以及其他支出。

1994年以后，伴随着经济社会的发展，出现了大量的新增职能和民生政策，如环境保护、食品药品安全管理、社会维稳、社会保障、医疗卫生、义务教育等。在这些民生政策的事权归属方面，中央总体按照"一事一议"的原则，明确了中央与地方的分担比例和标准，对政府间的新增事权与支出责任进行了理顺和完善。

二、省以下事权与支出责任划分

1994年分税制财政体制改革的重点是收入划分，对于事权和支出责任划分只是从中央与地方的角度做了一个原则性的描述和界定。到了地方政府层面时，以收入划分为重点的特征体现得更加明显。各省在制定省以下财政体制的过程中，一般都绕开了事权划分，把收入划分作为体制调整的唯一重点，省以下各级政府间事权和财政支出责任仍维持财政包干体制下的划分格局。

1994年以后，随着政府职能的不断转变和机构改革进程的推进，省以下事权责任划分陆续做了一些调整，工商、地税、技术监督等部门实行省垂直管理，食品药品监管部门在2003年从原分级管理改为省以下垂直管理，从2009年起又恢复到分级管理。

2005年以来，中央及各省区市还对义务教育、困难学生资助经费、新型农村合作医疗、计划生育家庭奖励扶助、城镇居民基本医疗保险、博物馆纪念馆免费开放等关系民生的部分新增项目的支出责任进行了调整，明确了各级政府的负担比例，进一步明晰了政府间事权范围。如河北省2008年先行对涉及经济社会事业发展且政策依据比较充分、支出责任界定相对容易的事项进行试点，第一批选取了涉及公共安全、民族宗教事务、农村义务教育、城市义务教育、文物保护、医疗卫生、社会保障与就业、污染防治、农业资源保护、水库移民后期扶持、农村公路建设与养护、土地资源管理等12类47项具体支出责任。安徽省曾经下达了《关于2009年民生工程筹措有关问题的通知》，规定了2009年全省实施的28项民生工程所需资金省与市、县（市）财政负担的标准和比例。

第三章　我国中央与地方政府事权与支出责任考察

尽管省以下政府间事权划分不尽明确，且不同省市支出划分存在比较大的差异，但从全国范围看，地方政府间的事权划分还存有一定的共性和规律。省级政府在中央与省以下各级政府间起着承上启下的作用，包括除中央政府承担的国防、外交以及市、县政府承担的城市建设以外的几乎所有的政府职能，特别是在中观层次上承担了重要的经济管理和调控职能。

从财政支出责任看，省级政府主要承担省级国家机关运转所需经费，调整全省国民经济结构、协调地区发展、实施区域调控等方面的支出以及由本级直接管理的事业发展支出。按照政法经费分类保障机制改革的要求，省级负担了办案费和业务装备费的绝大部分。省与市、县政府共同承担的事务包括：基本建设支出，公检法司、文化、教育、科学、卫生、社保等各项事业发展支出。按照保发展、惠民生的要求，省与地市较大比例地承担了农村义务教育中小学的生均公用经费补助、免费提供教科书补助、寄宿生生活费补助、农民参加新型保险补助、公共医疗卫生改革支出等（见表3－3）。

表3－3　省以下支出责任划分概况

级次	财政支出范围
省本级支出责任	省级国家机关运转所需经费，调整全省国民经济结构、协调地区发展、实施宏观调控等方面的支出以及由本级直接管理的事业发展支出。
地市州、县（市）支出责任	本级行政管理费，农林水部门事业费，城市维护和建设费，抚恤和社会福利救济，专项支出等。
省、市、县政府共同承担的支出责任	基本建设支出，公检法司、文化、教育、科学、卫生、社保等各项事业发展支出。

资料来源：根据李萍（2010）第130页整理。

安秀梅（2010）也对政府承担的主要支出责任进行了梳理，并区别行政层级，对部分主要支出责任在不同级别政府的承担与划分情况进行了简要的描述（见表3－4）。

表3－4　我国各级政府承担的主要支出责任

政府层级	政府性质	主要支出责任
中央	全国型	中央政权运转；国家安全、外交；中央直属企业投资补贴；国家重点建设；宏观调控；部属高校教育；重点国有企业社保；中央所办文化

续表

政府层级		政府性质	主要支出责任
省（自治区）		区域型	本级政权运转；所属企业投资补贴；省内重大基础设施
直辖市		城市、区域结合型	本级政权运转；所属企业投资补贴；城市建设
地区		区域型	本级政权运转；所属企业投资补贴；地区重大基础设施
地级市	辖县	城市、区域结合型	本级政权运转；城市教育；所属企业投资补贴；城市建设；区内基础建设；失业、养老保险和救济
	不辖县	城市政府	本级政权运转；城市教育；所属企业投资补贴；城市建设；失业、养老保险和救济
县		区域政府	本级政权运转；教育；医疗卫生；支援农村支出；区内基础设施和城镇建设；计划生育
县级市		城市、区域结合型	本级政权运转；教育；医疗卫生；支援农村支出；城市建设和区内建设；计划生育；失业、养老保险和救济
乡镇		农村政府	本级政权运转；农村教育；计划生育

资料来源：安秀梅（2010）第45—46页。

第三节 中央和地方政府间事权与支出责任配置的实证分析

目前的研究一般使用财政支出表示政府支出责任，将各个财政支出项目在不同政府间的比重作为政府间支出责任的划分与配置依据。本书引言部分将支出责任进一步细分为筹资责任和支付责任。按照这种划分方法，财政支出所反映的支出责任实际上是政府间的支付责任。如果需要反映各级政府的筹资责任，需要在支付责任的基础上，加上（或减去）安排给下级政府（或上级政府给予）的转移支付（既包括一般性转移支付，也包括专项转移支付）。由于数据取得的难度问题，在此仅仅分析支付责任的划分情况。同时，如果要想完整地分析和反映政府间的支出责任，应该以包括政府性基金预算、国有资本经营预算和社会保险基金预算在内的全口径预算作为分析对象。考虑到数据的获取难度以及口径的差异，本文仅以一般公共预算支出数据为实证分析样本。

一、中央政府事权与支出责任分析

(一) 支出占比情况

2011—2016年,中央本级财政一般公共预算支出中,国防、科学技术、债务付息支出、公共安全、教育支出和粮油物资储备支出累计占一般公共预算支出的比重超过或等于5%,分别为34.9%、10.7%、11.4%、6.3%、5.5%和5%,6项合计73.8%。一般公共服务、交通运输、社会保障和就业、农林水事务、外交、资源勘探电力信息、住房保障、金融监管支出所占比重,尽管低于5%,但超过1%,分别为4.7%、3.6%、3.1%、2.7%、1.8%、1.8%、1.8%、1.7%,8项合计21.2%。上述14项支出占比共计达到95%,其他各类支出所占比重大多都低于1%。

(二) 变动趋势分析

从其变动趋势来看,2011—2016年,支出占比超过5%的支出项目中,粮油储备、债务付息支出占比总体呈现提升趋势。其中,粮油储备支出占比从2011年的3.3%提高到2016年的5.2%,提高了1.9个百分点;债务付息支出占比从2011年的11%提高到2016年的12.1%,提高了1.1个百分点。

国防、教育、科技支出占比总体呈现下滑趋势。其中,国防支出占比从2011年的35.3%下滑至2016年的34.4%,下降了0.9个百分点;教育支出占比从2011年的6%下滑至2016年的5.2%,下降了0.8个百分点;科技支出占比从2011年的11.8%下滑至2016年的9.7%,下降了2.1个百分点。

公共安全支出较为稳定,2011年、2016年支出占比均为6.3%,期间一直在6.2%—6.5%之间小幅波动(见表3-5、表3-6)。

表3-5　　　　2011—2016年中央本级一般公共预算支出情况表　　　单位:亿元

项目	累计	2011年	2012年	2013年	2014年	2015年	2016年
一般公共服务	6217.7	903.0	998.3	1001.5	1050.4	1055.3	1209.2
外交	2310.2	306.8	332.4	354.4	360.1	476.8	479.7
国防	45958.0	5829.6	6481.4	7177.4	8055.1	8868.5	9546.0
公共安全	8321.4	1037.0	1183.5	1297.0	1477.8	1584.2	1741.9
教育	7266.8	999.1	1101.5	1106.7	1253.6	1358.2	1447.9
科学技术	14122.7	1942.1	2210.4	2369.0	2436.7	2478.4	2686.1

续表

项目	累计	2011年	2012年	2013年	2014年	2015年	2016年
文化体育与传媒	1329.7	188.7	193.6	204.5	223.0	272.0	248.0
社会保障和就业	4042.5	502.5	585.7	640.8	699.9	723.1	890.6
医疗卫生	488.2	71.3	74.3	76.7	90.3	84.5	91.2
节能环保	1278.7	74.2	63.7	100.3	344.7	400.4	295.5
城乡社区事务	96.6	11.6	18.2	19.1	17.2	10.8	19.8
农林水事务	3505.1	416.6	502.5	526.9	539.7	738.8	780.7
交通运输	4689.4	331.1	863.6	723.0	731.2	853.0	1187.5
资源勘探电力等事务	2421.5	464.1	473.2	453.7	362.3	342.3	325.9
商业服务业等事务	156.0	26.9	20.1	25.5	24.2	22.6	36.7
金融监管等事务支出	2247.1	413.9	209.6	164.3	243.5	463.5	752.2
国土资源气象等事务	1818.4	231.6	298.1	267.2	360.5	347.9	313.1
住房保障支出	2388.5	328.8	410.9	404.7	405.4	401.2	437.4
粮油物资储备事务	6539.4	540.1	645.2	905.1	1160.9	1836.1	1452.0
债务付息支出	15040.7	1820.0	2060.4	2315.4	2603.6	2866.9	3374.5
其他支出	1405.1	75.0	38.3	338.7	130.0	357.8	465.3
合计	131643.8	16514.1	18764.6	20471.8	22570.1	25542.2	27781.0

注：因四舍五入原因，各列分项数加总可能与合计数不等。

资料来源：2011—2016年全国财政总决算。

表3-6　2011—2016年中央本级一般公共预算支出占比情况表　　单位：%

项目	累计	2011年	2012年	2013年	2014年	2015年	2016年
一般公共服务	4.7	5.5	5.3	4.9	4.7	4.1	4.4
外交	1.8	1.9	1.8	1.7	1.6	1.9	1.7
国防	34.9	35.3	34.5	35.1	35.7	34.7	34.4
公共安全	6.3	6.3	6.3	6.3	6.5	6.2	6.3
教育	5.5	6.0	5.9	5.4	5.6	5.3	5.2
科学技术	10.7	11.8	11.8	11.6	10.8	9.7	9.7
文化体育与传媒	1.0	1.1	1.0	1.0	1.0	1.1	0.9
社会保障和就业	3.1	3.0	3.1	3.1	3.1	2.8	3.2
医疗卫生	0.4	0.4	0.4	0.4	0.4	0.3	0.3
节能环保	1.0	0.4	0.3	0.5	1.5	1.6	1.1
城乡社区	0.1	0.1	0.1	0.1	0.1	0	0.1

续表

项目	累计	2011年	2012年	2013年	2014年	2015年	2016年
农林水	2.7	2.5	2.7	2.6	2.4	2.9	2.8
交通运输	3.6	2.0	4.6	3.5	3.2	3.3	4.3
资源勘探电力等	1.8	2.8	2.5	2.2	1.6	1.3	1.2
商业服务业等	0.1	0.2	0.1	0.1	0.1	0.1	0.1
金融监管等	1.7	2.5	1.1	0.8	1.1	1.8	2.7
国土资源气象等	1.4	1.4	1.6	1.3	1.6	1.4	1.1
住房保障支出	1.8	2.0	2.2	2.0	1.8	1.6	1.6
粮油物资储备	5.0	3.3	3.4	4.4	5.1	7.2	5.2
债务付息支出	11.4	11.0	11.0	11.3	11.5	11.2	12.1
其他支出	1.1	0.5	0.2	1.7	0.6	1.4	1.7
合计	100	100	100	100	100	100	100

注：因四舍五入原因，各项分项数加总可能与合计数不等。

资料来源：根据2011—2016年全国财政总决算计算整理。

（三）中央承担的主要事权和支出责任

从中央本级财政支出结构及其演变可以看出，中央财政承担的事权和支出责任，主要是国防、国债还本付息、科学技术、公共安全（主要是武装警察）、教育（主要是高等教育）。同时，中央在粮油物资储备、一般公共服务、交通运输等方面也发挥了较大作用。

二、地方政府事权与支出责任分析

（一）支出占比情况

2011—2016年，我国地方财政一般公共预算支出中，教育、社会保障和就业、农林水、一般公共服务、城乡社区事务、医疗卫生、交通运输、公共安全支出累计占一般公共预算的比重超过5%，分别为17.1%、11.9%、10.8%、9.6%、9.9%、7.5%、7.1%、5.5%，8项合计79.4%。资源勘探电力信息等事务、住房保障、节能环保、其他支出、科学技术等5项支出累计占比，尽管低于5%，但也超过1%，分别为3.7%、3.7%、2.8%、2.3%、2.2%，5项合计14.7%。以上13项支出占比共计达到94.1%。其他各类支出占比大多低于1%。

(二) 变动趋势分析

从变动趋势来看，2011—2016 年，地方支出占比超过 5% 的支出项目中，社会保障和就业、医疗卫生、城乡社区事务、农林水事务支出占比总体呈提升态势，其中，社会保障和就业支出占比从 2011 年的 11.4% 提高到 2016 年的 12.9%，提高了 1.5 个百分点；医疗卫生支出占比从 2011 年的 6.9% 提高到 2016 年的 8.1%，提高了 1.2 个百分点；城乡社区支出占比从 2011 年的 8.2% 提高到 2016 年的 11.6%，提高了 3.4 个百分点；农林水支出占比从 2011 年的 10.3% 提高到 2016 年的 11%，提高了 0.7 个百分点。

一般公共服务、交通运输支出占比总体呈下滑趋势。其中，一般公共服务支出占比从 2011 年的 10.9% 下滑至 2016 年的 8.6%，下降了 2.3 个百分点；交通运输支出占比从 2011 年的 7.7% 下滑至 2016 年的 6%，下降了 1.7 个百分点；国土资源气象等事务支出占比从 1.4% 降低到 0.9%，其他支出占比从 3.1% 降低到 1.2%。其余各项支出占比大体稳定。

教育支出总体保持稳定，2011 年支出占比为 16.7%，2016 年为 16.6%，期间在 16.5%—18.8% 之间小幅波动。

公共安全支出呈现先抑后扬趋势，2011 年公共安全支出占比为 5.7%，到 2015 年下滑至 5.2%，随着公共安全投入力度的进一步加大，2016 年公共安全支出占比提高到 5.8%（见表 3-7、表 3-8）。

表 3-7　　　　2011—2016 年地方一般公共预算支出情况表　　　　单位：亿元

项目	累计	2011 年	2012 年	2013 年	2014 年	2015 年	2016 年
一般公共服务	73067.3	10084.8	11702.1	12753.7	12217.1	12492.5	13817.1
外交	12.8	2.8	1.4	1.4	1.5	3.5	2.2
国防	1314.6	198.3	210.5	233.3	234.4	219.3	218.8
公共安全	41651.4	5267.3	5928.1	6489.8	6879.5	7795.8	9291.0
教育	129843.7	15498.3	20140.6	20895.1	21788.1	24913.7	26607.8
科学技术	16987.0	1885.9	2242.2	2715.7	2877.8	3384.2	3881.6
文化体育与传媒	14309.5	1704.6	2074.8	2339.9	2468.5	2804.7	2917.0
社会保障和就业	90678.4	10606.9	11999.9	13849.7	15268.9	18295.6	20657.3
医疗卫生	56750.3	6358.2	7170.8	8203.2	10086.6	11868.7	13062.8
节能环保	21109.0	2566.8	2899.8	3334.9	3470.9	4402.5	4434.1
城乡社区	75219.4	7608.9	9060.9	11146.5	12942.3	15875.5	18585.2

续表

项目	累计	2011年	2012年	2013年	2014年	2015年	2016年
农林水	81753.5	9521.0	11471.4	12822.6	13634.2	16641.7	17662.6
交通运输	53983.5	7166.7	7332.6	8625.8	9669.3	11503.3	9685.9
资源勘探电力等	27644.2	3547.3	3934.5	4445.4	4634.7	5663.6	5418.7
商业服务业等	8807.2	1394.8	1351.7	1336.6	1319.8	1724.8	1679.6
金融监管等	2005.6	235.3	249.7	213.0	258.7	496.2	552.7
地震灾后重建	799.0	174.5	103.8	42.8	216.5	261.4	0
国土资源气象等	9261.6	1289.7	1367.6	1638.9	1722.6	1766.8	1476.0
住房保障支出	27915.5	3491.9	4068.7	4075.8	4638.3	5395.7	6245.0
粮油物资储备	4495.5	729.5	731.1	744.3	778.4	777.0	735.3
债务付息支出	5161.3	564.1	575.3	740.8	983.1	681.7	1616.2
其他支出	16983.6	2836.3	2570.6	2933.1	3124.5	3628.8	1890.2
合计	759753.5	92733.7	107188.3	119581.8	129215.5	150597.0	160437.1

注：因四舍五入原因，各列分项数加总可能与合计数不等。

资料来源：根据2011—2016年全国财政总决算整理。

表3-8　2011—2016年地方一般公共预算支出占比情况表　　单位:%

项目	累计	2011年	2012年	2013年	2014年	2015年	2016年
一般公共服务	9.6	10.9	10.9	10.7	9.5	8.3	8.6
外交	0	0	0	0	0	0	0
国防	0.2	0.2	0.2	0.2	0.2	0.1	0.1
公共安全	5.5	5.7	5.5	5.4	5.3	5.2	5.8
教育	17.1	16.7	18.8	17.5	16.9	16.5	16.6
科学技术	2.2	2.0	2.1	2.3	2.2	2.2	2.4
文化体育与传媒	1.9	1.8	1.9	2.0	1.9	1.9	1.8
社会保障和就业	11.9	11.4	11.2	11.6	11.8	12.1	12.9
医疗卫生	7.5	6.9	6.7	6.9	7.8	7.9	8.1
节能保护	2.8	2.8	2.7	2.8	2.9	2.9	2.8
城乡社区事务	9.9	8.2	8.5	9.3	10.0	10.5	11.6
农林水事务	10.8	10.3	10.7	10.7	10.6	11.1	11.0
交通运输	7.1	7.7	6.8	7.2	7.5	7.6	6.0
资源勘探电力等	3.6	3.8	3.7	3.7	3.6	3.8	3.4
商业服务业等	1.2	1.5	1.3	1.1	1.0	1.1	1.0

续表

项目	累计	2011年	2012年	2013年	2014年	2015年	2016年
金融监管等	0.3	0.3	0.2	0.2	0.2	0.3	0.3
地震灾后重建	0.1	0.2	0.1	0	0.2	0.2	0
国土资源气象等	1.2	1.4	1.3	1.4	1.3	1.2	0.9
住房保障支出	3.7	3.8	3.8	3.4	3.6	3.6	3.9
粮油物资储备	0.6	0.8	0.7	0.6	0.6	0.5	0.5
债务付息支出	0.7	0.6	0.5	0.6	0.8	0.5	1.0
其他支出	2.2	3.1	2.4	2.5	2.4	2.4	1.2
合计	100	100	100	100	100	100	100

注：因四舍五入原因，各列分项数加总可能与合计数不等。

资料来源：根据2011—2016年全国财政总决算计算整理。

（三）地方承担的主要事权和支出责任

从地方财政支出结构及其演变可见，地方财政承担的事权和支出责任主要是教育、社会保障和就业、农林水事务、一般公共服务、城乡社区事务、医疗卫生、交通运输、公共安全等。同时，地方在资源勘探电力信息、住房保障、节能环保等方面也发挥了重要作用。

三、中央和地方政府事权与支出责任比较

（一）总体支出责任承担情况

2016年，我国一般公共预算支出为18.8万亿元，其中，中央一般公共预算支出2.8万亿元，占全国一般公共预算支出的14.8%；地方一般公共预算支出16.0万亿元，占全国的85.2%。2011—2016年，中央财政支出累计占全国的比重为14.8%，地方财政支出累计占比为85.2%，地方财政承担了绝大部分的支出责任。

从变动趋势来看，2011年中央财政支出所占比重为15.1%，2016年下滑至14.8%，下降了0.3个百分点。与此同时，地方财政支出占比从2011年的84.9%，提高到2016年的85.2%，总体呈上升趋势。

（二）分项支出责任承担情况

外交、国防支出责任基本全部由中央财政承担。其中，2016年中央财政的外交支出占全部外交支出的99.5%，比2011年提高了0.4个百分点；2011

表 3-9　　　　2011—2016 年中央与地方财政支出比重分析表　　　　单位：亿元

年份	财政支出合计	中央财政支出		地方财政支出	
		总量	比重（%）	总量	比重（%）
2011	109247.8	16514.1	15.1	92733.7	84.9
2012	125953.0	18764.6	14.9	107188.3	85.1
2013	139744.3	20471.8	14.6	119272.5	85.4
2014	151785.6	22570.1	14.9	129215.5	85.1
2015	176139.2	25542.2	14.5	150597.0	85.5
2016	188218.2	27781.0	14.8	160437.1	85.2
累计	891087.9	131643.8	14.8	759444.2	85.2

资料来源：根据 2011—2016 年全国财政总决算计算整理。

—2016 年中央外交支出累计占比达到 99.4%。2016 年中央财政的国防支出占全部国防支出的 97.8%，比 2011 年提高了 1.1 个百分点；2011—2016 年中央国防支出累计占比达到 97.2%。

城乡社区事务、医疗卫生、商业服务业支出责任基本全部由地方财政承担①。其中，2016 年地方财政的城乡社区支出占到全部城乡社区支出的 99.9%，比 2011 年提高了 0.1 个百分点；2011—2016 年地方城乡社区支出累计占比达到 99.9%。2016 年地方财政的医疗卫生支出占到全部医疗卫生支出的 99.3%，比 2011 年提高了 0.4 个百分点；2011—2016 年地方医疗卫生支出累计占比达到 99.1%。2016 年地方财政的商业服务业支出占全部商业服务业支出的 97.9%，比 2011 年下降了 0.2 个百分点；2011—2016 年地方商业服务业支出累计占比达到 98.3%。

其余支出责任由中央与地方共同承担。其中，债务付息、粮油物资储备、金融监管支出责任主要由中央财政承担，2011—2016 年上述 3 项支出中央财政累计占比分别达到 74.5%、59.3% 和 52.8%。一般公共服务等 13 项支出责任主要由地方财政承担，其中，2011—2016 年科学技术支出地方财政累计占比为 54.6%，国土资源气象等事务支出和公共安全支出的地方财政占比分别为 83.6%、83.3%，其他支出项目地方财政占比均在 90% 以上。

---

① 未考虑针对四川汶川地震灾后重建而临时设立的"地震灾后重建"支出。该支出项目自 2016 年起不再设立。

从变化趋势上分析，2011—2016 年，中央财政全部或为主承担的支出责任中，外交、国防、国土资源气象、公共安全等基本稳定，债务付息、金融监管、科学技术等方面的职能相对有所弱化，粮油物资储备方面的责任则明显增强。对于地方财政为主承担的支出责任中，节能环保、交通运输等方面，中央职能有所增强，而资源勘探电力等事务职能有所弱化。其中，节能环保支出的中央占比由 2.8% 提高到 5.75%，交通运输支出的中央占比由 4.4% 提高到 10.9%，均翻了一番；而资源勘探电力等事务支出的中央占比则由 2011 年的 11.6% 下滑至 5.7%，下降了一半（见表 3-10）。

表 3-10　2011—2016 年中央与地方支出责任分担情况表　　单位：%

支出项目	2011 年		2016 年		2011—2016 年累计	
	中央	地方	中央	地方	中央	地方
一般公共服务	8.2	91.8	8.0	92.0	7.8	92.2
外交	99.1	0.9	99.5	0.5	99.4	0.6
国防	96.7	3.3	97.8	2.2	97.2	2.8
公共安全	16.4	83.6	15.8	84.2	16.7	83.3
教育	6.1	93.9	5.2	94.8	5.3	94.7
科学技术	50.7	49.3	40.9	59.1	45.4	54.6
文化体育与传媒	10.0	90.0	7.8	92.2	8.5	91.5
社会保障和就业	4.5	95.5	4.1	95.9	4.3	95.7
医疗卫生	1.1	98.9	0.7	99.3	0.9	99.1
节能环保	2.8	97.2	6.2	93.8	5.7	94.3
城乡社区事务	0.2	99.8	0.1	99.9	0.1	99.9
农林水事务	4.2	95.8	4.2	95.8	4.1	95.9
交通运输	4.4	95.6	10.9	89.1	8.0	92.0
资源勘探电力等事务	11.6	88.4	5.7	94.3	8.1	91.9
商业服务业等事务	1.9	98.1	2.1	97.9	1.7	98.3
金融监管等事务支出	63.8	36.2	57.6	42.4	52.8	47.2
地震灾后重建		100				100
国土资源气象等事务	15.2	84.8	17.5	82.5	16.4	83.6
住房保障支出	8.6	91.4	6.5	93.5	7.9	92.1
粮油物资储备事务	42.5	57.5	66.4	33.6	59.3	40.7
债务付息支出	76.3	23.7	67.6	32.4	74.5	25.5
其他支出	2.6	97.4	19.8	80.2	7.6	92.4
合计	15.1	84.9	14.8	85.2	14.8	85.2

资料来源：根据 2011—2016 年全国财政总决算计算整理。

分析表明中央与地方政府事权与支出责任呈现以地方为主的"低重心"态势,并且还具有明显的"下移"倾向。

第四节 我国地方政府间事权与支出责任划分的实证分析:以山东省为例

山东位于我国东部沿海,黄河下游,陆地面积15.7万平方公里,辖17市138县(市、区),2016年末常住人口9946.64万人。与全国的总体发展格局相类似,山东省的东部沿海地区经济发展快,中西部内陆地区经济相对欠发达。同时,2016年山东省GDP和地方财政收入分别排全国各省区市第3名和第4名,以山东省作为样本分析省以下的事权与支出责任划分,具有比较强的代表性。

一、山东省各级政府间的事权划分

正如本书前面所述,与中央与地方间事权划分状况相比,总体来看,我国省级以下各级政府间事权与支出责任的划分大都缺乏统一和明确的界定。山东与全国其他省市一样,现行财政体制框架是1994年分税制改革时确立的,之后虽然进行了一系列适应性调整,但政府间事权与支出责任的总体格局基本未变。

(一)省级政府事权

从山东省的情况看,省级政府在中央与省以下各级政府间扮演着承上启下的重要角色,发挥着非常重要的作用。省级政府的职能范围也十分广泛,几乎包括了除国防、外交以外的其他所有政府职能,承担了非常重要的经济管理和宏观调控职能。

(二)地市级政府事权

全国来看,各省对地市和县市的管理体制很不统一,这就导致各省的地市级政府职能很不统一,地位和作用各不相同。与江苏、浙江等省相比,山东省地级市处于省、县的中间位置,承上启下和管理调控作用的发挥要远远大于江浙等省。地市级政府承担的职能主要包括:维持本级政府正常运转;提供城市基础设施、基本建设、安全稳定、科学技术、教育、医疗、交通等公共产品；受省政府委托，对所辖的县市实施行政监督管理，协调帮扶县市区均衡发展。

（三）县级政府事权

县级政府是政府组织体系的基础，政府的各项一般职能在县级政府都有体现，但重点是保障基层政权正常运转，提供城乡社区事务、教育、社保、农业、公共安全等公共服务，兑现各项民生政策。

二、省级政府主要事权与支出责任

（一）支出占比情况

2011—2016年，山东省本级财政一般公共预算支出中，教育、交通运输、农林水事务、一般公共服务、公共安全、社会保障和就业支出占一般公共预算支出的比重超过5%，分别为22.3%、17.3%、15.2%、7.4%、7.1%、6.5%。上述6项支出占比合计达到75.8%，占省本级财政支出的3/4。

（二）变动趋势分析

从变动趋势来看，2011—2016年，山东省本级主要事权和支出项目中，教育、公共安全、社会保障和就业支出占比总体呈上升趋势。其中，教育支出占比从2011年的18.1%提高至2016年22.2%，提高了4.1个百分点；公共安全支出占比从2011年的6.6%提高至2016年的8.5%，提高了1.9个百分点；社会保障和就业支出占比从2011年的6.4%提高至2016年的6.9%，提高了0.5个百分点。

交通运输、农林水事务、一般公共服务支出占比总体呈下降趋势。其中，一般公共服务支出占比从2011年的13.1%下滑至2016年的4.8%，下降了8.3个百分点；交通运输支出占比从2011年的20.3%下滑至2016年的12.4%，下降了7.9个百分点；农林水支出占比波动较大，2011年为15.8%，2014年和2015年分别为13.5%和17.2%，2016年下滑至15.3%（见表3-11）。

表3-11　2011—2016年山东省本级一般公共预算支出占比情况表　　单位：%

支出项目	累计	2011年	2012年	2013年	2014年	2015年	2016年
一般公共服务	7.4	13.1	13.1	6.4	4.7	4.4	4.8
国防	0.4	0.4	0.3	0.4	0.5	0.4	0.2

续表

支出项目	累计	2011年	2012年	2013年	2014年	2015年	2016年
公共安全	7.1	6.6	6.8	7.4	6.8	6.1	8.5
教育	22.3	18.1	23.9	24.5	24.3	20.8	22.2
科学技术	2.8	3.7	2.8	3.1	2.4	2.6	2.7
文化体育与传媒	2.3	2.1	3.0	2.5	2.0	2.1	2.0
社会保障和就业	6.5	6.4	5.9	6.7	6.9	6.4	6.9
医疗卫生	3.1	2.8	2.6	3.3	3.5	2.9	3.6
环境保护	0.5	0.4	0.4	0.3	0.3	0.5	0.8
城乡社区事务	0.5	0.2	0.1	0.2	0.2	0.8	1.0
农林水事务	15.2	15.8	13.8	15.5	13.5	17.2	15.3
交通运输	17.3	20.3	18.3	18.8	17.8	17.8	12.4
资源勘探电力信息等事务	1.7	1.4	1.3	1.3	1.3	2.2	2.2
商业服务业等事务	0.9	0.5	0.5	0.7	0.8	1.7	1.2
金融监管等事务支出	1.0	0	0.1	0	0.1	2.7	2.4
地震灾后恢复重建支出	0	0.1	0	0	0	0	0
支援其他地区支出	0.4	0	0.1	0	0.8	0.7	0.8
国土资源气象等事务	2.5	2.8	2.2	4.1	2.4	2.1	1.7
住房保障支出	3.9	0.1	0.2	0	7.4	5.7	7.8
粮油物资储备管理事务	3.3	4.3	3.7	4.0	4.0	2.1	2.2
债务付息支出	0.3	0.1	0.1	0.1	0.3	0.3	1.0
其他支出	0.6	0.9	0.8	0.7	0.2	0.4	0.5
合计	100	100	100	100	100	100	100

注：因四舍五入原因，各列分项数加总可能与合计数不等。

资料来源：根据2011—2016年山东省财政总决算计算整理。

（三）省级承担的主要事权和支出责任

从省本级财政支出结构及其演变可以看出，省本级财政主要承担了教育、交通运输、农林水事务、一般公共服务以及公共安全、社会保障和就业等事务所需经费，保证了省级政权运转，发挥了调控作用。

分析表明，省本级最主要的事权和支出项目是教育，全省公办高等教育以及省属职业教育支出全部由省财政负担（不含211、985高校）。同时，2011年以来，上述主要事权和支出项目中，省级交通运输和一般公共服务支出职能呈现出明显的弱化趋势。

三、市级政府事权与支出责任

(一) 支出占比情况

2011—2016 年,山东省 17 个市的市本级一般公共预算支出中,城乡社区事务、教育、一般公共服务、公共安全、交通运输、社会保障和就业、医疗卫生、农林水事务支出占一般公共预算支出的比重超过 5%,分别为 15.3%、11.9%、9.6%、9.6%、8.7%、8%、5.2%、5%。上述 8 项支出占比合计 73.3%,基本相当于一般公共预算支出的 3/4。

(二) 变动趋势分析

从变动趋势来看,上述主要事权和支出项目中,城乡社区事务、公共安全支出、医疗卫生支出占比总体呈现上升趋势。其中,市本级城乡社区事务支出占比从 2011 年的 13.8% 提高到 2016 年的 16.3%,提高了 2.5 个百分点;公共安全支出占比 2011 年为 9.7%,2015 年为 9.2%,基本保持稳定,受补发以前年度警衔津贴等因素影响,2016 年提高到 11%;医疗卫生支出占比从 2011 年的 4.8% 提高到 2016 年的 6.2%,提高了 1.4 个百分点。

一般公共服务、社会保障和就业支出占比总体呈现下降趋势。其中,一般公共服务支出占比从 2011 年的 10.6% 下滑至 2016 年的 9.3%,下降了 1.3 个百分点;社会保障和就业支出占比则从 2011 年的 8.4% 下滑至 2016 年的 7.8%,下降了 0.6 个百分点。

教育支出占比从 2011 年的 12.9% 下滑至 2014 年的 10.5%,之后又提高到 2016 年的 12.5%,比 2011 年下降了 0.4 个百分点。农林水支出占比从 2011 年的 4.8% 调整至 2016 年的 4.7%,尽管总体保持稳定,但期间在 4.7%—5.7% 之间保持了小幅波动。交通运输支出占比从 2011 年的 8.1% 逐步提高到 2015 年的 10.2%,2016 年则骤降至 7.2%(见表 3-12)。

表 3-12　2011—2016 年山东省市级一般公共预算支出占比情况表　　单位:%

支出项目	累计	2011 年	2012 年	2013 年	2014 年	2015 年	2016 年
一般公共服务	9.6	10.6	10.5	9.7	9.2	9.1	9.3
国防	0.5	0.8	0.6	0.5	0.5	0.4	0.4
公共安全	9.6	9.7	9.5	8.6	9.5	9.2	11.0

续表

支出项目	累计	2011年	2012年	2013年	2014年	2015年	2016年
教育	11.9	12.9	12.5	11.2	10.5	12.1	12.5
科学技术	2.8	2.5	2.7	2.8	2.9	2.7	3.0
文化体育与传媒	3.0	3.3	3.5	3.3	3.2	2.6	2.6
社会保障和就业	8.0	8.4	8.3	7.9	7.8	8.0	7.8
医疗卫生	5.2	4.8	4.7	4.8	5.0	5.3	6.2
环境保护	4.4	3.1	3.8	6.7	3.6	4.3	4.5
城乡社区事务	15.3	13.8	13.8	13.8	17.6	15.4	16.3
农林水事务	5.0	4.6	5.2	4.9	4.8	5.7	4.7
交通运输	8.7	8.1	8.0	8.4	10.0	10.2	7.2
资源勘探电力信息等事务	4.6	5.0	5.0	4.8	4.3	4.5	3.7
商业服务业等事务	2.2	1.8	2.0	2.0	2.2	2.4	2.4
金融监管等事务支出	0.7	1.5	0.9	0.5	0.3	0.6	0.7
地震灾后恢复重建支出	0	0	0	0	0	0	0
支援其他地区支出	0.2	0.1	0.1	0.3	0.3	0.3	0.3
国土资源气象等事务	2.0	1.7	2.4	3.2	1.8	1.7	1.5
住房保障支出	2.4	2.2	3.2	2.2	2.2	2.2	2.6
粮油物资储备管理事务	0.2	0.2	0.2	0.2	0.2	0.2	0.2
国债还本付息支出	2.2	2.4	1.6	2.7	2.4	1.6	2.4
其他支出	1.4	2.6	1.9	1.6	1.6	0.8	0.8
合计	100	100	100	100	100	100	100

注：因四舍五入原因，各列分项数加总可能与合计数不等。

资料来源：根据2011—2016年山东省财政总决算计算整理。

（三）市级承担的主要事权和支出责任

从市本级财政支出结构及其演变可以看出，市本级财政主要承担了城乡社区事务、教育、一般公共服务、公共安全、交通运输、社会保障和就业、医疗卫生、农林水等事务所需经费，表明市级政府主要负责的是城市建设管理、教育、医疗、安全、运输等与城市相关的职责。

与省级相比，市级的事权和支出责任相对分散一些，支出占比最高的城乡社区事务仅为15.1%，比省级最高的教育支出（22.3%）低7.2个百分点。市级城乡社区事务、教育、一般公共服务等最主要的3项支出占比合计

36.7%，而省级最主要的 3 项支出（教育、交通运输、农林水）占比合计达到 55.1%，高于市本级 18.4 个百分点。

四、县级政府事权与支出责任

（一）支出占比情况

2011—2016 年，山东 17 市所属 138 个县（市、区）本级财政一般公共预算支出中，教育、农林水事务、社会保障和就业、一般公共服务、医疗卫生、城乡社区事务等支出占一般公共预算支出的比重超过 5%，分别为 24%、12.8%、12.3%、11.1%、9.9%、9.7%。上述 6 项支出占比合计 79.8%，接近县级一般公共预算支出的 4/5。

（二）变动趋势分析

从其变动趋势来看，上述主要支出项目中，社会保障和就业、医疗卫生、城乡社区等支出占比总体呈现上升趋势。其中，社会保障和就业支出占比从 2011 年的 11.4% 提高到 2016 年的 13.3%，提高了 1.9 个百分点；医疗卫生支出占比从 2011 年的 9% 提高到 2016 年的 10.9%，提高了 1.9 个百分点；城乡社区支出占比从 2011 年的 7.3% 提高到 2016 年的 11.5%，提高了 4.2 个百分点。

教育、一般公共服务、农林水支出占比总体呈现下降趋势。其中，教育支出占比从 2011 年的 24.6% 下降到 2016 年的 23.7%，下降了 0.9 个百分点；一般公共服务支出占比从 2011 年的 12.9% 下降到 2016 年的 9.5%，下降了 3.4 个百分点；农林水支出占比从 2011 年的 12.9% 下降到 2016 年的 12.3%，下降了 0.6 个百分点（见表 3-13）。

表 3-13　2011—2016 年山东省县级一般公共预算支出占比情况表　　单位：%

支出项目	累计	2011 年	2012 年	2013 年	2014 年	2015 年	2016 年
一般公共服务	11.1	12.9	12.3	12.5	11.3	9.6	9.5
国防	0.1	0.1	0.1	0.1	0.1	0.1	0.1
公共安全	3.6	3.7	3.6	3.5	3.6	3.5	3.8
教育	24.0	24.6	25.5	24.0	23.3	23.5	23.7
科学技术	1.7	1.8	1.8	1.9	1.7	1.5	1.4
文化体育与传媒	1.2	1.2	1.2	1.3	1.2	1.3	1.1

续表

支出项目	累计	2011 年	2012 年	2013 年	2014 年	2015 年	2016 年
社会保障和就业	12.3	11.4	11.6	11.6	12.3	12.8	13.3
医疗卫生	9.9	9.0	9.0	8.8	10.4	10.6	10.9
环境保护	2.4	2.3	2.6	2.3	2.2	2.4	2.4
城乡社区事务	9.7	7.3	7.3	8.9	10.0	11.3	11.5
农林水事务	12.8	12.9	13.3	12.9	12.5	13.0	12.3
交通运输	2.1	2.3	2.1	2.5	2.1	2.0	2.0
资源勘探电力信息等事务	3.2	3.6	3.4	3.6	3.6	2.8	2.5
商业服务业等事务	1.4	3.0	1.7	1.2	1.1	1.0	0.9
金融监管等事务支出	0.2	0.1	0.1	0.1	0.1	0.3	0.1
地震灾后恢复重建支出	0	0	0	0	0	0	0
支援其他地区支出	0.1	0	0.1	0.1	0.1	0.1	0.1
国土资源气象等事务	1.1	1.0	1.0	1.2	1.1	1.1	1.1
住房保障支出	2.0	1.3	2.1	2.1	1.9	2.1	2.2
粮油物资储备管理事务	0.2	0.2	0.2	0.2	0.2	0.2	0.2
国债还本付息支出	0.2	0.1	0.1	0.1	0.1	0.2	0.7
其他支出	1.0	1.4	1.3	1.3	1.1	0.9	0.5
合计	100	100	100	100	100	100	100

注：因四舍五入原因，各列分项数加总可能与合计数不等。

资料来源：根据 2011—2016 年山东省财政总决算计算整理。

（三）县级承担的主要事权和支出责任

就山东省县级一般公共预算支出结构及其演变来看，县级财政主要承担了教育、农林水、社会保障和就业、一般公共服务、医疗卫生、城乡社区等事务所需经费。

与省级和市级政府相比，县级政府的主要支出责任相对较为集中。其中，从主要支出项目的数量来看，支出占比超过5%的支出项目，省级和市级分别为6个和8个，县级为6个；从主要支出项目支出占比来看，省级和市级主要支出责任项目的支出占比分别为76.4%和73.1%，县级则为79.5%。

五、省、市、县三级政府事权与支出责任比较

（一）总体支出责任承担情况

2016 年，山东省一般公共预算支出 8755.2 亿元，其中，省本级一般公共预算支出 882.2 亿元，占全省一般公共预算支出的 10.1%；市本级一般公共预算支出 2082.1 亿元，占全省的 23.8%；县乡级财政支出 5790.9 亿元，占全省的 66.1%。省、市、县三级一般公共预算支出占比为 10.1%、23.8%、66.1%。2011—2016 年，省、市、县三级一般公共预算支出占全省的比重平均为 10.8%、24%、65.2%。

从变动趋势看，2011 年省本级一般公共预算支出占全省的比重为 12.3%，2016 年下降为 10.1%，下降了 2.2 个百分点；2011 年市本级一般公共预算支出占比为 24.4%，2016 年下降为 23.8%，下降了 0.6 个百分点；2011 年县乡级一般公共预算支出占比为 63.4%，2016 年提高到 66.1%，提高了 2.7 个百分点。总体上看，县乡级财政支出比例呈总体上升趋势（见表 3-14）。

表 3-14　2011—2016 年山东各级一般公共预算支出结构表　　单位：亿元

年份	一般公共预算支出	省本级		市本级		县乡级	
		支出	比重%	支出	比重%	支出	比重%
平均	6963.0	742.0	10.8	1667.3	24.0	4553.7	65.2
2011	5002.1	612.7	12.3	1220.5	24.4	3168.9	63.4
2012	5904.5	714.9	12.1	1394.3	23.6	3795.4	64.3
2013	6688.8	666.5	10.0	1617.2	24.2	4405.0	65.9
2014	7177.3	716.8	10.0	1712.8	23.9	4747.7	66.2
2015	8250.0	858.8	10.4	1976.7	24.0	5414.5	65.6
2016	8755.2	882.2	10.1	2082.1	23.8	5790.9	66.1

注：因四舍五入原因，各列分项数加总可能与合计数不等。
资料来源：根据 2011—2016 年山东省财政总决算计算整理。

（二）分项支出责任承担情况

1. 粮油物资储备由省级为主、县级为辅承担。2011—2016 年粮油物资储备支出，省级和县级占比分别为 68.3% 和 21.9%，市级仅占 9.8%。

2. 地方国防、债务付息支出主要由市级为主承担。其中：

（1）国防支出。2011—2016 年市级国防支出累计占全省国防支出的 59.6%，省级和县级分别仅占 18.5% 和 21.9%。

（2）债务付息支出。2011—2016 年市级债务付息支出占全省债务付息支出的 73.1%，省级和县级分别仅占 5.1% 和 21.8%。其中，2011 年债务付息主要由市级承担，此后省级和县级占比逐步提高，2016年省、市、县三级占比分别为8.9%、49.6%和41.5%。

3. 教育支出、社会保障和就业支出等主要由县级承担。其中：

（1）教育支出。2011—2016年县级教育支出累计占全省教育支出的75%，省级和市级分别仅占11.4%和13.6%。

（2）社会保障和就业支出。2011—2016年县级社会保障和就业支出累计占全省社会保障和就业支出的75.5%，省级和市级分别仅占6.5%和18%。

（3）医疗卫生支出。2011—2016年县级医疗卫生支出累计占全省医疗卫生支出的80.4%，省级和市级分别仅占4.1%和15.5%。

（4）农林水支出。2011—2016年县级农林水支出累计占全省农林水支出的74.7%，省级和市级分别仅占14.5%和10.8%。

4. 一般公共服务支出、科学技术支出等主要由县级为主、市级为辅承担。其中：

（1）一般公共服务支出。2011—2016年一般公共服务支出，县级和市级占比分别为70.1%和22.3%，省级支出仅占7.6%。

（2）科技支出。2011—2016年科技支出，县级和市级占比分别为52.9%和32.4%，省级支出仅占14.7%。

（3）环境保护支出。2011—2016年环境保护支出，县级和市级占比分别为58.3%和39.8%，省级支出仅占1.9%。

（4）城乡社区支出。2011—2016年城乡社区支出，县级和市级占比分别为63.1%和36.4%，省级支出仅占0.5%。

（5）资源勘探电力信息支出。2011—2016年资源勘探电力信息支出，县级和市级占比分别为61.9%和32.8%，省级支出仅占5.3%。

（6）商业服务业支出。2011—2016年商业服务业支出，县级和市级占比分别为58.7%和34.6%，省级仅占6.7%。

（7）住房保障支出。2011—2016年住房保障支出，县级和市级占比分别为56.5%和25.3%，省级占18.2%。

5. 公共安全支出、文化体育与传媒支出主要由市、县两级共同承担。其中：

（1）公共安全支出。2011—2016年公共安全支出，市、县两级占比分别为42.6%和43.5%，省级仅占13.9%。

（2）文化体育与传媒支出。2011—2016年文化体育与传媒支出，市、县两级占比分别为41.3%和44.9%，省级仅占13.8%。

6. 支援其他地区支出、国土资源气象、金融监管、交通运输支出由省、市、县共同承担。其中：

（1）交通运输支出。2011—2016年交通运输支出，省、市、县三级占比分别为34.7%、39.1%和26.2%。

（2）国土资源气象支出。2011—2016年国土资源气象支出，省、市、县三级占比分别为18.2%、33.3%和48.6%。

（3）金融监管支出。2011—2016年金融监管支出，省、市、县三级占比分别为29.3%、44%和26.7%。

（4）支援其他地区支出。2011—2016年支援其他地区支出，省、市、县三级占比分别为29.6%、35.2%和35.3%。

通过上述分析可以看出，省、市和县乡政府在各类支出中都不同程度地承担了责任。其中，粮油物资储备由省级为主承担，地方国防、债务付息支出主要由市级为主承担，教育、社会保障和就业、医疗卫生、农林水支出等主要由县级承担，一般公共服务、科技、环保、城乡社区、资源勘探、电力信息、商业服务、住房保障支出等主要由县级为主、市级为辅承担，公共安全、文化体育与传媒支出主要由市、县两级共同承担，交通运输、国土资源气象等其他支出则由省、市、县三级共同承担（见表3-15）。

表3-15　　　　山东省一般公共预算支出分级情况表　　　　单位：%

支出项目	2011年			2016年			2011—2016年		
	省	市	县	省	市	县	省	市	县
一般公共服务	13.0	20.8	66.2	5.5	24.7	69.9	7.6	22.3	70.1
国防	17.3	64.9	17.8	13.0	66.7	20.4	18.5	59.6	21.9
公共安全	14.7	43.0	42.3	14.3	43.8	41.9	13.9	42.6	43.5
教育	10.6	15.0	74.5	10.7	14.2	75.0	11.4	13.6	75.0
科学技术	21.0	27.6	51.4	14.1	37.0	48.9	14.7	32.4	52.9
文化体育与传媒	14.2	44.0	41.8	13.0	39.9	47.2	13.8	41.3	44.9
社会保障和就业	7.8	20.4	71.8	6.1	16.4	77.5	6.5	18.0	75.5

续表

支出项目	2011年 省	市	县	2016年 省	市	县	2011—2016年 省	市	县
医疗卫生	4.8	16.2	79.0	4.0	16.4	79.6	4.1	15.5	80.4
环境保护	2.0	33.2	64.8	3.0	39.2	57.8	1.9	39.8	58.3
城乡社区事务	0.3	41.9	57.9	0.8	33.5	65.7	0.5	36.4	63.1
农林水事务	17.2	10.4	72.4	14.3	10.3	75.4	14.5	10.8	74.7
交通运输	42.1	33.6	24.3	29.4	40.4	30.2	34.7	39.1	26.2
资源勘探电力信息等事务	4.6	32.8	62.6	8.0	32.2	59.7	5.3	32.8	61.9
商业服务业等事务	2.7	18.1	79.2	9.2	43.8	47.0	6.7	34.6	58.7
金融监管等事务	0.5	86.0	13.5	49.4	31.9	18.7	29.3	44.0	26.7
地震灾后恢复重建	84.2	15.8	0				84.2	15.8	0
支援其他地区				36.5	30.1	33.4	29.6	35.2	35.3
国土资源气象等	24.8	30.0	45.2	13.8	29.5	56.7	18.2	33.3	48.6
住房保障支出	1.0	40.2	58.8	27.6	21.5	50.9	18.2	25.3	56.5
粮油物资储备管理	74.4	7.7	17.9	57.9	11.7	30.3	68.3	9.8	21.9
债务付息支出	0.9	91.7	7.4	8.9	49.6	41.5	5.1	73.1	21.8
其他支出	7.0	39.3	53.7	8.3	32.3	59.4	5.6	31.7	62.7
合计	12.2	24.4	63.4	10.1	23.8	66.1	10.7	23.9	65.4

资料来源：根据2011—2016年山东省财政总决算计算整理。

第五节 我国政府间事权与支出责任划分中存在的问题

我国历次的财政体制改革，一直都是以划分收入和财权为主，而对政府间的事权范围只做了粗线条、原则性的界定，以至于分税制财政体制几乎演变成为一个政府间收入划分的体制。同时，近些年来随着经济社会的发展以及财政体制的优化，各级在政府间事权与支出责任的划分上迈出了较大的改革步伐，但受各种因素的制约,政府间事权和支出责任配置实践中依然存在着一些比较突出的问题。

一、缺少统一而明确的法律界定

各级次政府间规范的事权划分是现代国家治理结构的重要内容。考察世界各国政府间财政关系的法律规范制度,各个国家对各级政府的事权项目和财政支出责任均有比较明确的分工,而且这种分工一般都由宪法或法律加以明确的规范,并在较长期限内保持相对稳定。与现代西方国家不同,我国各级次政府间事权的划分是随着国家体制的变革逐渐发展起来的,存在法律层次低、事权调整随意性大以及层层向下转嫁支出责任的问题。

一是事权划分法律层次低。我国现有的涉及政府间事权和支出责任划分的规定,大多是以党或政府的文件形式印发执行,政府间事权和支出责任划分法律基础薄弱,且内容上过于笼统、法律层次较低,缺乏严肃的法律权威和有效的法律约束力。由于"政出多门",导致政府间的事权和支出责任划分不统一、不协调、不规范。

二是事权调整随意性大。根据当前的行政管理体制,我国各级人民政府除对本级人民代表大会负责外,还要对上一级国家行政机关负责,并服从国务院在政府职能上的统一领导。在这种管理体制下,地方政府的事权及相应的支出范围大都是由中央政府授予和规定的,中央政府也可以随时收回授予地方政府的事权并变更地方政府的支出责任。在法律法规不健全、不完善的情况下,政府间事权调整就带有很大的随意性,往往缺乏必要的调整程序和规范标准。同时,在调整过程中,往往主要考虑中央或上级宏观经济管理和财政的需要,对地方政府或下级政府的要求和财政状况则考虑不够或兼顾不足,许多调整措施带有应急性和临时性特点,这就非常容易造成下级政府尤其是市、县政府行为的短期化,不利于经济和社会事业的长期、持续和稳定发展。

三是事权责任层层向下转嫁。由于事权划分缺乏法制基础,上级政府有更大的空间和冲动下放事权,对事权划分做出有利于本级政府的调整和变更。事实上,长期以来,各地、各级也确实出现政府职能和支出责任不断层层下放的现象,上级政府通过考核、一票否决等行政命令和程序,将本级责任向下级政府层层转嫁"甩包袱",加重了下级政府的财政负担。主要表现在三个方面:

（1）对于新的财政支出项目，往往采取"属地化"原则，支出责任层层向下级政府转移。

（2）出台财政增资或增支政策时，一般采取"只出政策不出钱""上级点菜、下级买单"等方式转嫁支出责任；在确定某一方面的财政支出标准和财政负担额度时，通过立法的方式，对地方财政投入做出硬性和明确规定，肢解了地方政府的财政分配自主权。

（3）在体制调整或企事业单位上下划转中存在着"收权力""甩包袱"的现象，对于有权力或有增长潜力的部门以及财力保障充足的事权，趋向于向上划转；对于财政负担沉重的部门单位、趋于没落的国有企业以及没有前途的夕阳产业，有向下"甩包袱'的倾向，进一步加大了地方财政负担。

政府间支出责任划分是政府间财政关系的基础，而一套规范完备的政府间财政关系法律制度，能够有效提升各级政府间事权划分的规范性和稳定性，防止出现政府间支出责任不清、风险不明的问题，有利于政府间财力的合理分配，从而实现财政可持续发展。

二、政府与市场关系没有完全廓清

区分政府与市场职能的界限是划分政府间事权责任的基础，如果说政府与市场的职能尚未界定清楚，遑论准确划分和配置政府间的事权责任了。党的十八届三中全会审议通过的《中共中央关于全面深化改革若干重大问题的决定》指出，"经济体制改革是全面深化改革的重点，核心问题是处理好政府和市场的关系，使市场在资源配置中起决定性作用和更好发挥政府作用"。这一表述不仅明确了未来全面深化改革的重点所在，更对市场的地位和作用进行了重新定位，是市场与政府关系认识上的一次重大理论突破。但就目前各地的政府工作实践上看，市场主体地位的确定还存有一定的问题，部分政府该退出的领域还没有退出，局部还存在与民争利的现象。

政府与市场职责界定主要存在两个方面的问题。一方面，政府包揽过多，管了许多不该管的事情。如本应由企业和私人承担的一般竞争性项目的投资，直到目前仍有相当部分由各级政府承担和参与；政府尤其是基层政府直接干预企业行为的现象也时有发生。另一方面，有些政府该管的事情却没有管或没有管好，特别是那些本应由政府承担的公共性事务，由于无利可图，各级政府之间互相推诿，支出责任不明确、资金保障不到位的情况依然存在，特别是在教育、农村基础建设、社会保障、公共卫生等方面表现得特别突出。

三、政府间事权越位、缺位现象明显

一方面，一些应当由中央承担的支出责任，部分交给了地方。国防、武警、外交、进出口商品检验检疫、海关、边检、气象、地震以及军队离退休干部管理等属于中央政府的事务，地方各级政府都不同程度地分担了部分项目经费，或给予业务经费补助。国内支援西藏、新疆等欠发达省份，本应该由中央财政通过规范的转移支付解决，但中央均通过对口支援的方式由地方直接实施帮扶。在中央的示范作用下，好多省区市对省内的不发达地区，也开始采取类似的做法进行直接的横向帮扶。我们认为，这种横向帮扶即使短期内取得了明显的效果，也不应长期和大范围地加以推广和应用，因为它更多地具有临时性、阶段性的属性和特点，不利于构建规范稳定的政府间财政经济关系。三峡移民搬迁工程明显属于中央的事权，但中央又将其分解到有关省市，有关省市又比照中央的做法将其层层分解到了市、县。对于社会保障，国际上的通行做法是将其划入中央或省级政府的事权范围，我国的社会保障责任则主要由市、县承担。教育和卫生等区域性外溢效应较强的公共产品也过多地由县乡政府承担，而在大多数国家，教育、卫生一般都由各级政府作为共同事权项目合理分担。

另一方面，中央也承担了一些应当由地方承担的支出责任。如按照国际惯例，地方消防一般属于地方政府事权，应由地方为主承担，我国的消防经费则主要由中央承担。同时，还有一些本应属于地方政府的支出责任，经过地方的努力和争取，中央、省也给予了补助，存在越位问题。如地方各级行政事业单位的建设、维修、运转经费，本应由地方同级财政负担，中央应该通过增强地方财力水平来提高地方政府承担这些事权的能力，而不宜由中央直接安排专项资金给予支持。但目前中央对工商、审计、华侨、寺观、监狱、劳教、司法、税务、民主党派、纪检监察、公安等地方行政事业单位都安排了专项补助，并且基本都分配到了具体单位和明细项目（见表3-16）。

表 3-16　按现行体制规定应由中央全额承担的部分事权情况表

项目		承担现状		
		中央承担	中央地方共同承担	地方承担
国防		现役部队经费、预备役部队的标准经费、民兵的装备购置。		民兵事业费（军事训练费、武器装备维修管理费等）、农村民兵和预备役团以下部队和现役部队县级人民武装部营房和训练设施建设费。军队后勤保障社会化需要配套改造的项目，免收城市基础设施配套费及其他行政事业收费和基金。
外交外事		凡涉及外交和对外援助的支出。		地方政府的一般性外事活动。
武警部队	内卫部队	除支队以下机关部队的基建经费以外的经费。		支队以下机关部队的基建经费。
	边防部队	除负担的部分地区公安任务的支出由地方负担外的经费。		负担的部分地区公安任务的支出、武警官兵生活补助费。军队后勤保障社会化需要配套改造的项目，免收城市基础设施配套费及其他行政事业收费和基金。
	警卫部队	人员经费和行政经费由中央财政负担，地市级以上的警卫机关和部队的基建经费。	业务经费分级负担。	武警官兵生活补助费。军队后勤保障社会化需要配套改造的项目，免收城市基础设施配套费及其他行政事业收费和基金。
	黄金部队	正常经费，地质工作专项经费、矿产资源补偿费。	基建经费暂按原渠道安排。	
	水电部队	中央财政只对其军事性经费给予补助。		
	消防部队	人员经费和行政经费，支队以上机关部队的基建经费。	业务经费分级负担。	

续表

项目	承担现状		
	中央承担	中央地方共同承担	地方承担
优抚安置		优抚对象医疗保障和参战涉核退役人员生活补助分级负担。	
养老保险			京、津、沪、闽、陕等部分省市实行省级统筹,其他省区市实行地(或)县级统筹。
气象	国家及地方各级气象机构人员、公用及项目经费。		地方气象事业建设,地方气象机构经费补助。
地震	国家地震部门的人员、公用及项目经费。		地方地震部门的人员、公用及项目经费。
支援不发达地区	通过转移支付给予补助。		对口支援。
部属高校建设	部属高校的人员、公用及项目经费。		配套共建。

资料来源:主要根据李萍(2006)第155—156页整理。

四、政府间事权责任不对等

1994年分税制改革以后我国政府间财政分配一直呈现出收入层层向上集中、支出层层向下转移的趋势和特点。

收入方面,1994年实施分税制改革时,中央政府以提高"两个比重"的名义,从地方集中了较多的财力。分税制改革后,中央又先后通过2002年的所得税分享改革、2004年的出口退税负担机制改革、2015年的"营改增"改革,不断扩大了财政收入的集中程度。

支出方面,尽管中央政府拥有绝大部分财政收入,财力相对充足,但中央只承担很小一部分事权和支出责任;而地方政府在财政自主性受到极大约束的前提下,却要承担绝大部分的财政事权和支出责任。特别是对于县、乡基层政府而言,各项民生政策都是刚性支出,需要财政进行"兜底"保障,进一步加剧了基层财政困难程度。

根据政府职能配置的基本原理，宏观经济稳定和收入再分配职责应主要由中央政府承担；资源配置职责虽然主要由地方政府承担，但全国性公共产品以及具有大范围规模经济和空间外溢的产品或服务，仍然需要中央政府承担或参与。从定性角度分析，政府三大职能，主要应该由中央政府履行；从定量角度分析，中央政府财政支出占全国财政支出的比重，也应占据大部分份额。

2017年中央财政收入占全国财政收入的47%，尽管低于国际通行的60%的参考指标值，但从财政支出来看，经过税收返还和转移支付后，2017年中央本级财政支出占全国财政支出的比重仅为14.7%，无论是与发展中国家还是成熟市场经济国家相比，我国的中央支出占比都要远远低于其平均水平。分析表明，中央政府承担的事权和直接支出责任严重不足，中央政府事权相对缺位，而能力比较有限的地方政府尤其是基层地方政府承担了过多的事权和支出责任，政府间事权责任配置呈现出明显的不对等的态势。

五、政府间"职责同构"问题突出

从我国有关政府组织的职权划分的法律规定看，中央与县以上地方各级政府的职责基本相同，除外交、国防、货币发行等少数事权专属中央外，地方所拥有的职权几乎是中央的翻版，区别仅在于管辖幅度和范围不同。这就导致几乎所有的事权项目都是各级政府共同事务，几乎所有的财政支出科目都是各级政府共用科目，你中有我，我中有你，难分彼此，各级政府的职责出现同一化和统一化的趋势。

根据《2018年政府收支分类科目》，一般公共预算支出按功能分类的线上科目包括23个类级科目（不考虑预备费科目），分别为一般公共服务支出、外交支出、国防支出、公共安全支出、教育支出、科学技术支出、文化体育与传媒支出、社会保障和就业支出、医疗卫生与计划生育支出、节能环保支出、城乡社区支出、农林水支出、交通运输支出、资源勘探信息等支出、商业服务业等支出、金融支出、援助其他地区支出、国土海洋气象等支出、住房保障支出、粮油物资储备支出、其他支出、债务付息支出、债务发行费用支出等。从2018年中央与地方财政决算看，上述类级科目中，除了援助其他地区支出科目，由于专门用于反映地方政府安排并管理的对其他地区的援助和捐赠支出，只体现在地方的决算报表外，其他科目包括国防、外交等，均由中央与地方政府共同承担，在中央与地方的支出决算报表中均有体现。

职责同构将会导致以下几个方面的问题。

一是增加了工作成本。各级政府在机构设置上表现出"上下对口，左右对齐"的特征，针对上级政府的职能部门，下级政府无论是否需要，均要设立相对口的机构，大大增加了政府工作成本。比如台办、侨联、红十字会、慈善总会、地震局、社科联等部门，承担的事权多属于偶发性质或作用领域较为狭窄的范畴，将其设置在县级政府所发挥的作用有限，意义不大。

二是影响下级政府事权项目的完整。在职责同构模式下，下级政府的所属部门和机构犹如上级职能部门的派驻机构，缺乏应有的独立性。上级可以通过业务方面的指导和监督，对下级具体事务直接予以干涉，影响了各级政府事权项目的完整和统一。

三是容易出现政府管理的真空。重复的事权安排往往会使部分工作处于"都管、都不管"的状态。一方面，各级政府受利益驱使，当有利可图时各级都要来分一杯羹，无利可图时则各级都撒手不管，导致出现选择性执法和管理；另一方面，由于事权划分过于分散，出现"多龙治水"的问题，尽管各部门均安排了大量的人力、物力实施监管，但是仍然存在监管真空。比如目前的食品安全领域，卫生、农业、工商、质检、食品药品监管等事权都或多或少存在类似问题。

六、市县政府对转移支付的依赖程度过高

地方政府的收入可以分为自有收入和上级补助收入，如果转移支付占地方政府收入的比重过大，转移支付的链条过长，则不利于提高财政资金的使用效益，也会弱化地方公共产品供给与地方政府税收收入之间的成本收益关联，从而导致对地方政府的软约束。在地方尤其是县级财力普遍紧张的情况下，上级转移支付资金事实上已成为地方政府必不可少的财力来源，直接影响地方政府的正常运转。而中央和上级也往往借此来调控地方经济社会发展，转移支付已成为中央或省级掌控并向地方基层施加影响的一个得力法宝。2017年，山东省16市（不含青岛）中，上级转移支付占一般公共预算支出的比重，最高的菏泽、临沂达到62.3%和50.6%，最少的淄博和东营也达到21.5%和22.1%（见表3-17）。

表 3–17　2017 年山东省对各市（不含青岛市）转移支付情况表　　单位：亿元

地市	一般公共预算支出	转移支付				转移支付占支出的比重%
		合计	税收返还	一般性转移支付	专项转移支付	
合计	6966.1	2432.6	354.3	1320.1	758.5	34.9
济南市	834.2	190.4	63.3	66.8	60.3	22.8
淄博市	446.2	96.0	15.6	40.9	39.4	21.5
枣庄市	245.1	98.1	13.2	61.5	23.3	40.0
东营市	277.7	61.4	12.8	25.4	23.3	22.1
烟台市	708.1	168.1	42.6	71.5	54.0	23.7
潍坊市	678.4	181.8	30.9	96.3	54.6	26.8
济宁市	569.7	187.4	21.1	102.1	64.3	32.9
泰安市	356.0	140.7	17.1	72.4	51.3	39.5
威海市	359.6	107.4	25.0	35.8	46.6	29.9
日照市	232.3	96.2	9.6	47.7	38.9	41.4
莱芜市	88.8	35.7	3.6	21.2	10.9	40.2
临沂市	589.6	298.1	36.0	197.4	64.7	50.6
德州市	360.6	170.2	18.4	106.1	45.8	47.2
聊城市	380.6	173.5	16.5	109.1	47.9	45.6
滨州市	329.6	110.0	10.2	65.5	34.4	33.4
菏泽市	509.6	317.6	18.4	200.4	98.8	62.3

注：因四舍五入原因，各列分项数加总可能与合计数不等。

资料来源：根据《山东省 2017 年预算执行情况和 2018 年预算草案》计算整理。

需要注意的是，国外很多国家也存在"收入集权、支出分权"的现象，也就是说西方很多国家的地方政府也高度依赖联邦和州的转移支付，从而使得上级政府可以据此对下级政府施加有效的控制。但是西方国家中与"收入集权"同时并存的是"政治分权"，这种政治分权的主要表现就是上级政府无法控制下级政府的人事权。也就是说，西方政府正是通过"收入集权"来应对"政治分权"，从而达到中央政府和地方政府相互制衡。而我们在制定政府间财政关系时，只是看到了西方的"收入集权"，而未看到制衡"收入集权"的"政治分权"，因此片面地追求提高中央收入所占比重。就我国而言，由于上级政府既控制下级政府的人事任免，也控制下级政府的财政收入，往往会出现上级政府随意"侵犯"下级政府利益的情况，从而就会不可避免地导致基层政府事权与财力不匹配、事权与支出责任不适应的问题发生。

七、专项转移支付分配不够科学

专项转移支付一般都限定在具有明显的外溢性、需要两级或多级政府共同分摊其成本费用的某些基础性项目和公益事业项目；专项转移支付资金的分配使用一般应有相关的法律法规作依据，并按事先确定的公式和经费分摊标准计算分配。与之相比，我国专项转移支付无论是设置还是分配还不够科学，专项转移支付随意性比较大，资金效益还有待提高。

一是专项转移支付调控作用弱化。专项转移支付几乎变成了对下级政府固定补助，出现了分配格局固化以及专项补助财力化、一般化的倾向。在某种程度上专项转移支付甚至成为上级政府特别是中央政府处置超收或多余财力的一种出口和途径，从而大大削弱了其调控引导作用。

二是项目交叉重复分散。各个部门、财政内部各个司局（处室）都有专项资金的分配权限，进而导致了很多内容交叉、用途相近的资金重复安排下达。比如民政部门、商务部门都在分配养老（产业）方面的资金，农业、科技、工信等部门都在分配科技方面的资金。

三是部分政府间专项转移支付体制外运行。政府间转移支付应由政府通过财政体制一个口安排，但是目前仍存在部门在财政体制之外分配对下级部门的补助资金，造成本级预算支出和补助下级预算支出不真实，不利于下级政府的管理和人大的监督。

四是补助和配套政策不合理。比如山东省针对鲁东、鲁中、鲁西分别核定了不同的省级配套政策，其中东部的省级配套比例最低，西部的省级配套比例最高，这就导致东部地区的困难县尽管可能比西部的县市区还要困难，但享受到的省级配套资金还不如西部县市区。

第四章 部分国家事权与支出责任划分的国际比较

第一节 美国的事权与支出责任划分

一、政府间关系的总体框架

纵向来看,美国政府共分为三级:联邦政府,50个州政府以及数量巨大、形式复杂多样的8.7万个地方政府(不含哥伦比亚特区政府)。总体来看,地方政府可分为一般目的政府和特别目的政府两类。一般目的政府,主要包括郡县、自治市和乡镇;特别目的政府,主要包括学区、水区及其他因特定目的而设置的特别区,如灌溉、排水、防洪、卫生等。

《联邦宪法》是美国的最高法律,确定了美国的基本政治制度和社会制度。在政府方面,不仅明确了联邦和州政府的结构,而且规定了联邦和州政府的权限划分。但是,需要注意的是,《联邦宪法》只是对国防、外交、州际征税等一些较为容易区分的公共服务与职责进行了明确规定,为保持必要的灵活性,有意回避明确政府间提供其他公共服务的职责划分。同时,《联邦宪法》未提及"地方政府",地方政府依据各州的最高法律——州宪法所确定,各州宪法大都对地方政府的组成形式、权限及程序予以规定。由于实行自治和分权,联邦、州和地方政府间没有行政隶属和垂直领导的"上下级"关系,各级政府原则上都是自主治理单位,各自的权力都是通过宪法等法律规定的,联邦和州政府并没有资格去支配地方政府,相互间的法律地位都是平等的①。

二、政府间事权和支出责任划分情况

美国联邦和州政府纵向分权,二者在各自权限范围内享有独立的权力。美国在宪法上单独列举出联邦事权,而未列举的剩余权力归各州和地方政府。因此,美国宪法第十条修正案明确规定:"本宪法未授予合众国,也未禁止各州行使的权力,保留给各州行使,或保留给人民行使之。"尽管如此,并不是说州和地方所保留的权力就是毫无限制、没有边界的,无论是州还是地方政府,其行为如同联邦政府一样都是受美国宪法所限制的。美国各级政府间事权配置如下。

(一)联邦政府和州政府

1. 联邦政府事权。联邦政府的事权主要包括:铸造货币;管理同外国和各州之间的贸易;征收关税和其他赋税;与外国缔结条约;制定一切必要和适当的法律以履行职责;举债;建立度量衡标准;设立邮局和邮路;管理专利和版权;宣战;建立和维持军队等。

按照美国《联邦宪法》的规定,还有一部分事权明确禁止联邦政府行使,具体包括:向任何一州出口的物品征税;改变各州疆界;违反权利法案;中止人身保护权利;制定追溯性的法律;迫使担任公职者接受宗教测试等。

2. 州政府事权。美国州政府在支出上高度自治,在自身政体组织上有与联邦政府类似的特点。州政府的事权主要包括:组织选举;管理州内贸易;建立共和政体形式的州政府和地方政府;保护公共健康、公共安全和公共道德;宪法未授予联邦政府,也未禁止各州行使的权力等。州政府禁止行使的事权:对进出口商品征税;铸造货币;与外国缔结条约;损坏法律合同的行为;没有国会的允许与其他州签订条约等。

3. 联邦与州共同事权。联邦政府与州政府共同行使的事权包括:征收赋税;政府借贷;对银行和公司颁发许可;征用和扣押财产;制定和执行法律;管理司法;提供普通福利等。

---

① 王清科. 美国政府事权划分及其对深圳改革的启示 [J]. 特区实践与理论, 2014:57-60

(二) 地方政府

美国州与地方政府间的职责划分，不同州之间有很大差异。但总体来看，地方政府是州政府的延伸，各州的宪法或州法一般都规定了所属地方政府的类型和具体权责，同时，对地方政府的事权和支出责任也做出了具体而详细的列示和说明。需要注意的是，虽然各州通常都给予地方政府一定条件下的自治权限，但绝大多数的州政府也仍然保留了对地方政府的高度干预和管制。

1. 郡县政府。郡县政府由州政府建立，主要作为州政府的行政分支，行使州政府在郡县范围内的相关事权。郡县政府传统的事权主要包括：评估和征收财产税，执行法律，组织选举，各类登记事项（如土地交易、出生、死亡、婚姻等），道路维护等。

近年来，随着现代化的进程及人口增长的压力，郡县政府也逐步由简单作为州政府行政分支逐步向自治市的功能扩张，承担的职责也进一步扩展到卫生保健、医疗、污染控制、公共交通、工业发展、社会服务、消费者保护等方面。

2. 自治市。自治市主要是指城市政府，其设置实行高度自治的原则，即达到一定人口规模的城市，通过公民投票等法律程序，由州政府颁发地方自治宪章，明确其为具有选举官员、征税和向辖区居民提供服务等职能的法定地方治理主体。与郡县政府相比，自治市拥有更大的政策制定和自由裁量权，向居民提供的服务范围更宽。其中，警察、消防、公共工程、公园、娱乐、收集垃圾、清扫街道、检查餐馆、维护交通信号设施、绿化等一般是标准事权，很多城市也还提供公共墓地维护、政府拥有和经营的房产、城市运行的码头、城市赞助的节日、城市建设的会议中心等服务。

3. 乡镇。主要在东北部和中西部 20 个州的农村地区有官方意义上的乡镇。一般来说，面积大的乡镇，其事权接近于郡县政府或自治市，如制定地方法令、征税等；面积小的乡镇，事权较为有限，有的仅负责执法以及道路的建设维护。

4. 学区和特别区。学区主要承担辖区公共教育事权，分配教育预算和管理公立学校，一般通过选举一个 5—7 人的委员会来制定相关政策及任命一个行政执行官来管理学区政府。其他的特别区中，92% 为单一目的政府，行使单一的功能，如自然资源管理、排水、防洪、灌溉、卫生、图书馆等。一般由通过选举的委员会管理的特别区有权征税，如学区；而由地方政府任命的委员会管理的特别区则无权征税，主要依靠收取使用费、政府补助、租金和其他非税收入作为财政来源①（见表4-1）。

表4-1　　　　　　　　美国各级政府的事权与支出责任划分

政府级次	事权范围	支出责任
联邦政府	国防、外交与国际事务，保持经济增长，维持和促进社会发展，保证社会稳定	国防支出；人力资源支出，包括教育、培训、就业和社会服务、卫生、医疗、收入保险、社会保障、退伍军人福利和服务；物资资源支出，包括能源、自然资源和环境、商业房屋信贷、交通社会和地区发展；债务的净利息支出；其他支出，包括空间和技术、农业、司法管理、一般政府行政、财政补贴
州政府	收入的再分配，提供基础设施和社会服务，运用一定的手段促进本州的经济社会发展	公路建设、基础教育、公共福利项目、医疗和保健开支、收入保险、警察、消防、煤气及水电供应、州政府债务的还本付息等
地方政府	市、县、镇政府是州政府的延伸	道路和交通、公用事业、治安、消防、教育、家庭和社区服务、一般行政经费

资料来源：楼继伟（2013）第219页。

三、政府间支出责任划分的实证分析

纵向来看，美国联邦、州和地方政府财政支出所占比重基本稳定。2011年三级政府支出占比分别为48.7%、24.5%和26.8%，而2016年三级政府支出占比分别为47.7%、25.2%和27.1%。与2011年相比，联邦政府占比下降1个百分点，州和地方政府分别提高了0.7个和0.3个百分点。

（一）主要事权项目的支出责任划分

养老基金支出主要由联邦政府承担。2016年联邦政府的养老基金支出占养老基金总支出的76.6%，比2011年下降了0.5个百分点。其中，养老基金项目下的疾病与残疾项目，联邦支出占比达到94%，比2011年提高了1.7个百分点。

---

① 王清科. 美国政府事权划分及其对深圳改革的启示[J]. 特区实践与理论，2014：57-60.

医疗保障支出主要由联邦和州政府承担。2016 年联邦、州医疗保障支出分别占到全部医疗保障支出的 46.8% 和 42.4%，联邦政府所占比重比 2011 年下降 0.9 个百分点，州政府所占比重比 2011 年提高了 1.7 个百分点。2016 年地方政府医疗保障支出所占比重仅为 10.8%，比 2011 年下降了 0.8 个百分点。医疗保障事权下的公共健康服务和健康研发（R&D）项目则完全由联邦政府承担。

教育支出主要由地方政府承担。2016 年地方政府教育支出占全部教育支出的 64.5%，而州政府和联邦政府分别仅占 29.2 和 29.1%。分明细项目看，学前教育至初等教育主要由地方政府承担，2016 年地方政府承担的支出占比达到 93.0%；而高等教育则主要由州政府承担，2016 年州政府承担的支出占比达到 75.1%。

国防支出由联邦政府承担。其中，除退伍军人事务支出由州政府承担一部分外，军事防御、国外军事援助、国外经济援助等均全部由联邦政府承担。

福利支出主要由联邦政府承担。2016 年联邦政府福利支出占全部福利支出的比重为 55.0%，比 2011 年提高 1.6 个百分点；州政府和地方政府福利支出占比分别为 25.1% 和 19.9%，分别比 2011 年下降 7.2 个百分点、提高 5.6 个百分点。

警察事务支出主要由地方政府承担。2016 年联邦政府警察支出占全部警察支出的 63.2%，比 2011 年提高 1.5 个百分点。分明细项目看，警察服务主要由地方政府承担，2016 年地方政府占比为 70%，联邦政府和州政府分别仅占 18.8% 和 11.2%；消防全部由地方政府承担，地方所占比重达到 100%；监狱管理由州政府为主、地方政府为辅负责，2016 年州政府和地方政府监狱支出占比分别为 57.7%、34.1%。

交通运输支出由地方政府和州政府共同承担。2016 年地方和州政府交通运输支出占全部交通运输支出的比重分别为 49.2%、41.4%，分别比 2011 年提高了 0.59 个和 1.67 个百分点。

一般行政支出由联邦、州和地方政府共同承担。2016 年联邦、州和地方政府一般行政支出占全部一般行政支出的比重分别为 24.4%、31% 和 44.6%，总体呈现出从联邦到地方逐级提高的趋势。其中，联邦和州政府占比分别比 2011 年下降 0.5 个和 0.2 个百分点，地方政府占比比 2011 年提高 0.7 个百分点。分明细项目看，行政及立法机构支出主要由地方和州政府承担，2016年地方和州政府所占比重分别为54%和31.2%；法院支出总体上由三级政府平均分担，2016年联邦、州和地方政府所占比重分别为30.1%、34.5%和35.4%。

利息支出主要由联邦政府承担。2016年联邦政府利息支出占全部利息支出的69.6%，比2011年提高了1.7个百分点；而州和地方政府分别仅占13%、17.4%，分别比2011年下降了0.8个和0.9个百分点。

其他支出主要由地方政府承担。2016年地方政府其他支出占全部其他支出的比重达到76%，比2011年提高8个百分点。分明细项目看，基础研究、污染治理、生物多样性与景观保护全部由联邦政府负责并承担支出；垃圾处理、污水处理和供水主要由地方政府负责，2016年地方政府三项支出占比分别达到94.5%、97.8%和89.8%；经济事务也主要由地方政府承担，2016年地方政府的经济事务支出占比达到66.5%，州政府占比也达到28.6%，而联邦政府占比仅为4.9%（见表4-2）。

表4-2 2016年美国各级政府财政支出责任划分情况表 单位:%

支出项目	2011年			2016年		
	联邦政府	州政府	地方政府	联邦政府	州政府	地方政府
合计	48.7	24.5	26.8	47.7	25.2	27.1
养老基金	77.1	19.0	3.9	76.6	19.3	4.1
其中：疾病与残疾	92.3	7.7		94.0	6.0	
老年人	74.5	20.9	4.6	74.2	21.2	4.7
医疗保障	47.7	40.7	11.6	46.8	42.4	10.8
其中：医疗服务	66.7	14.7	18.6	67.0	14.6	18.5
公共健康服务	100			100		
健康研发（R&D）	100			100		
供应商付费（福利）	12.9	85.6	1.5	16.8	82.0	1.1
教育	3.4	29.1	67.5	6.3	29.2	64.5
其中：学前教育至初等教育	10.5	1.1	88.4	6.0	1.0	93.0
高等教育	0.4	83.3	16.3	11.9	75.1	13.0
国防	99.9	0.1		99.8	0.2	

续表

支出项目	2011 年			2016 年		
	联邦政府	州政府	地方政府	联邦政府	州政府	地方政府
其中：军事防御	100			100		
退伍军人	99.3	0.7		99.2	0.8	
国外军事援助	100			100		
国外经济援助	100			100		
福利	53.4	32.3	14.3	55.0	25.1	19.9
其中：家庭与儿童	63.4	20.6	16.0	61.7	21.6	16.7
失业	45.0	54.8	0.2	39.8	60.0	0.2
住房	45.4	11.8	42.8	46.0	9.3	44.7
警察	11.3	27.0	61.7	10.7	26.2	63.2
其中：警察服务	20.5	10.6	68.9	18.8	11.2	70.0
消防服务			100			100
监狱	8.2	58.5	33.3	8.2	57.7	34.1
交通运输	11.7	39.7	48.6	9.4	41.4	49.2
一般行政	24.9	31.2	43.9	24.4	31.0	44.6
其中：行政及立法机构	18.6	30.5	50.9	14.7	31.2	54.0
法院	31.5	33.6	34.9	30.1	34.5	35.4
其他支出	14.0	18.0	68.0	6.8	17.2	76.0
其中：基础研究	100			100		
经济事务	-8.5	32.3	76.2	4.9	28.6	66.5
垃圾处理		10.7	89.3		5.5	94.5
污水处理		1.3	98.7		2.2	97.8
污染治理	100			100		
生物多样性与景观保护	100			100		
供水	16.0	0.5	83.5	9.6	0.6	89.8
利息	67.9	13.8	18.3	69.6	13.0	17.4

注：因四舍五入原因，各列分项数加总可能与合计数不等。

资料来源：根据"US Spending"网站（https：//www.usgovernmentspending.com）数据计算整理。

（二）联邦政府事权项目支出责任比较分析

养老基金、国防、医疗保障、福利和利息支出是联邦政府的主要支出项目。其中，养老基金、国防、医疗保障是联邦政府最重要的事权项目，2016年三项支出占联邦政府支出的比重均超过20%，三项合计达到78.4%。

2016年，养老基金占联邦支出的比重达到30.7%，比2011年提高了4.6个百分点。国防支出占联邦支出的25.5%，比2011年下降3.8个百分点。医疗保障支出占联邦支出的22.2%，比2011年提高3.4个百分点。福利支出占联邦支出的7.8%，比2011年下降3.5个百分点，总体呈现逐年下降的趋势。利息支出占联邦支出的7.5%，比2011年下降0.2个百分点。

从变化趋势上分析，2011—2016年联邦政府养老基金、医疗保障支出所占比重逐步提高，国防支出、福利支出占比逐年下降，利息支出占比总体保持稳定。趋势分析表明，2011年以来，美国联邦养老和医疗保障职能不断强化，国防和福利的职能有所弱化，融资举债职能基本稳定（见表4-3）。

表4-3　　　　美国联邦政府承担的事权和支出责任情况表　　　　单位:%

支出项目	2011年	2012年	2013年	2014年	2015年	2016年
合计	100	100	100	100	100	100
养老基金	26.1	27.4	29.9	31.2	31.1	30.7
医疗保障	18.8	18.4	19.7	20.5	21.5	22.2
教育	1.0	1.3	0.9	1.6	2.5	2.1
国防	29.3	28.4	28.2	27.3	26.0	25.5
福利	11.3	9.9	9.8	8.8	8.1	7.8
警察	1.0	1.0	0.9	0.9	0.9	0.9
交通运输	1.1	1.1	1.1	1.0	0.9	0.9
一般行政	1.4	1.6	1.6	1.4	1.3	1.4
其他支出	2.4	3.7	0.4	-0.5	0.2	1.0
利息	7.7	7.3	7.6	7.8	7.3	7.5

注：因四舍五入原因，各列分项数加总可能与合计数不等。

资料来源：根据"US Spending"网站（https://www.usgovernmentspending.com）数据计算整理。

（三）州政府事权项目支出责任比较分析

医疗保障、教育、养老基金、交通运输和福利是州政府的主要支出项目。其中，医疗保障、教育、养老基金是州政府最重要的事权项目，2016年三项支出占州政府支出的比重均超过10%，三项合计达到70.6%。

2016年，医疗保障是州政府最大的支出项目，2016年占州政府支出的比重达到38%，比2011年提高6.1个百分点。教育和养老基金是州政府仅次于医疗保障的重要事权项目，两项支出分别占州政府支出的18%和14.6%，分别比2011年提高了0.6个和1.9个百分点。交通运输支出占州政府支出的比重为7.5%，比2011年提高0.2个百分点。福利支出占州政府支出的6.7%，比2011年下降13.6个百分点。

从变化趋势上分析，2011—2016年州政府医疗保障支出占比总体呈现逐年较快提高的趋势，养老基金占比总体呈现稳步提升态势，教育支出和交通运输支出占比相对比较稳定，福利支出占比逐步下降。趋势分析表明，2011年以来，州政府的医疗和养老保障职能在强化，而福利保障职能在不断弱化，教育和交通管理职能保持稳定（见表4-4）。

表4-4　　　　　美国州政府承担的事权和支出责任情况表　　　　单位：%

支出项目	2011年	2012年	2013年	2014年	2015年	2016年
合计	100	100	100	100	100	100
养老基金	12.7	13.3	14.0	14.4	14.4	14.6
医疗保障	31.9	32.6	34.2	35.3	37.7	38.0
教育	17.4	18.1	18.2	18.3	17.9	18.0
国防	0.1	0.1	0.1	0.1	0.1	0.1
福利	13.6	11.3	9.6	8.1	6.7	6.7
警察	4.5	4.5	4.5	4.6	4.4	4.3
交通运输	7.2	7.6	7.3	7.5	7.5	7.5
一般行政	3.4	3.4	3.4	3.4	3.3	3.3
其他支出	6.1	5.9	5.6	5.4	5.3	4.9
利息	3.1	3.2	3.0	2.9	2.8	2.6

注：因四舍五入原因，各列分项数加总可能与合计数不等。

资料来源：根据"US Spending"网站（https://www.usgovernmentspending.com）数据计算整理。

（四）地方政府事权项目支出责任比较分析

教育、警察、医疗保障、交通运输和福利是美国地方政府的主要支出项目。其中，教育是地方政府最重要的事权项目，2016年教育支出占地方政府支出的比重达到37.1%，与2011年相比保持一致。警察、医疗保障和交通运输支出占地方政府支出的比重分别为9.7%、9%和8.3%，分别比2011年提高了 0.2、0.7 和 0.2 个百分点。福利支出占地方政府支出的 5%，比 2011 年下降 0.5 个百分点。

从趋势上分析，2011 年以来美国地方政府的各项支出占比尽管有变化，但总体上比较平稳，基本没有大的波动，表明地方政府的职能一直较为稳定（见表 4-5）。

表 4-5　　　　美国地方政府承担的事权和支出责任情况表　　　　单位：%

支出项目	2011 年	2012 年	2013 年	2014 年	2015 年	2016 年
合计	100	100	100	100	100	100
养老基金	2.4	2.6	2.7	2.7	2.8	2.9
医疗保障	8.3	8.5	8.8	8.7	8.7	9.0
教育	37.1	36.8	36.9	37.0	37.2	37.1
国防						
福利	5.5	5.4	5.2	5.1	5.0	5.0
警察	9.5	9.6	9.6	9.6	9.6	9.7
交通运输	8.1	8.2	8.3	8.4	8.4	8.3
一般行政	4.4	4.4	4.4	4.4	4.4	4.4
其他支出	20.9	20.8	20.6	20.6	20.5	20.3
利息	3.8	3.7	3.8	3.6	3.5	3.3

注：因四舍五入原因，各列分项数加总可能与合计数不等。

资料来源：根据"US Spending"网站（https://www.usgovernmentspending.com）数据计算整理。

第二节　德国的事权与支出责任划分

一、政府间关系的总体框架

德国的历史非常特殊。1945 年第二次世界大战失败后，德国被分为四大占领区，分别由美国、英国、法国和苏联占领。1949 年，11 个美国、英国、法国占领区的州合并形成联邦德国，苏联占领区形成了民主德国。1990 年联邦德国和民主德国合并成为现在的德国。德国的历史对于其政治和财政关系有着深刻的影响①。

德国是联邦制国家,总体来看实行联邦、州与地方三级管理②,但实际上地方行政单位又包括比较复杂的层级划分。具体来看,联邦德国包括 13 个州和 3 个州级市,有 8 个较大的州细分为专区,所有的专区和余下的 8 个州下面分为县、市;县、市以下是乡镇。

与较为复杂的行政管理层次划分不同,德国的财政体制仅仅由联邦、州、市镇三个层次组成。德国在州以下只有一级财政层次,在所有设立专区的州里,专区都不构成一级财政层次;在不同州里,有时是县,但更多的时候是市或乡、镇构成独立的财政层次。

根据德国的《基本法》,德国的联邦、州、市镇各级政府必须负责本级政府的财政收支平衡,三级政府之间的财政独立性和自主性是德国财政体制的根本特点。《基本法》对联邦与州之间的事权划分作了原则规定,同时规定只要没有明确规定必须由联邦完成的政府职能,州政府都有义务完成。因此,除了基于普遍利益必须统一处理的事务由联邦负责外,其他事务原则上由各州负责。

二、政府间事权和支出责任划分情况

(一) 联邦政府

联邦政府的职责主要包括:国家安全和武装力量;联邦行政、财政和海关事务管理;外交;联邦公路、铁路、水路、航空运输和通讯邮电;社会保障(包括失业救济,医疗、退休保险及家庭社会补助等);重大科研计划(主要是核能源、外层空间、航天技术、海洋开发等高科技研究);煤田和矿山开采等跨区域的经济开发等。

法律规定,联邦货币发行和管理任务由独立的德意志联邦银行负责。

从支出规模看,德国联邦政府开支项目主要集中于国防和社会保障,这两项支出大约占联邦财政支出的一半③。

(二) 州政府

州政府的主要职责包括:本州范围内的行政事务和财政管理;环境保护;

---

① 楼继伟. 中国政府间财政关系 [M]. 北京:中国财政经济出版社,2013:237-238.
② 吴志成. 当代各国政治体制——联邦德国和瑞士 [M]. 兰州:兰州大学出版社,1998:49.
③ 罗湘衡. 德国政府间财政关系研究 [D]. 天津:南开大学,2009:46.

卫生健康和保健设施建设；法律事务和司法管理（包括维护社会治安和公民安全）；社会文化和教育事业等。联邦政府与州政府之间不是简单而直接的领导与被领导关系，其职责与财力界限十分明确，相互之间不能越权进行干预。

联邦和州之间除明确划分的职责外，有些职责由于涉及范围较广，需要的财政资金较多，由联邦和州政府共同承担。主要包括：扩建和新建高等院校，包括医学院的附属医院；地区性经济结构的改善，包括促进行业经济结构的建立和调整，开辟新的生产领域，改造交通网络，改善农业结构和增进海岸防护等。为了明确联邦与州政府在共同任务上的责任，《基本法》明确规定，属于联邦和州共同职责的支出，由双方协商确定各自负担的比例；对超过各州财政负担能力的职责，联邦有义务通过特殊支付款项协助完成。总体上，对于共同事务，联邦应"为各州负担其支出费用的一半"，或"至少负担一半的费用"。

同时，经立法机关审查同意后，联邦公路、水路和航空运输以及节能研究利用等事务也可以委托有关州来承担，以降低成本和提高支出效率。关于委托事务的经费来源，《基本法》明确规定"联邦委托各州管理事务的，联邦负担相关支出"。

（三）地方政府

地方政府的职责主要分为三种：受托的，必须的或强制的，志愿的[①]。

1. 受托的职责。受托的职责通常应由联邦或州政府来承担，只是委托地方政府代为行使，地方政府拥有一定的决策权，并接受相应的财政援助。受托职责包括：出生、死亡、婚姻等的登记，机动车和财产登记，护照管理，替联邦发放社会援助和住宅津贴，管理公共交通、部分道路和高速公路，以及一些治安服务等。

2. 必须或强制的职责。地方政府必须或强制提供的服务包括学校设施（低等级设施主要由市政府提供，高等级设施由县提供，教师由州政府提供）、医疗卫生服务、食品监测、托儿所、地方公路、消防、供水、污水和垃圾处理以及公墓等。

3. 志愿提供的职责。在受托职责以及必须或强制提供的服务之外，地方

---

① 梅尔维尔·麦克米兰. 地区和地方政府间的财政关系：经合组织五成员国的经验和启示[A]. 沙安文，沈春丽. 地方政府与地方财政建设[C]. 北京：中信出版社，2005.

政府还可能志愿提供一系列服务,例如经济发展、市场管理、文化设施和项目、运动和娱乐休闲服务、公共住宅、养老院、教育投入以及公共设施等。

总体来看,德国三级政府在职责划分上虽然也有一定的交叉和重叠,但各自的基本职责和事权范围是明确的,并通过法律形式确定下来,从而有助于各司其职,避免相互推诿扯皮。

在明确划分政府间事权范围的基础上,为满足经济结构调整、重大基础设施建设等经济社会发展的需要,联邦政府往往还要对州和地方提供一定的财政补助。同时,为了保证各级政府职责的有效实施和全国法律政策的必要统一,《基本法》对立法权做出了相应的规定,在联邦事务范围内和与整体经济活动秩序紧密相关的领域,联邦享有单独立法权;在其余事务范围内,虽然联邦和州享有共同立法权,但联邦拥有优先立法权,这表明德国的立法权基本掌握在联邦手中。从政府间支出比重看,联邦财政支出一般占全国财政总支出的大约45%,各州约占35%,地方约占20%[①]。

第三节 日本的事权与支出责任划分

一、政府间关系的总体框架

日本政府由中央政府、都道府县以及市町村三个层级的行政组织所组成。其中,中央政府代表国家,而地方政府则包括作为广域自治体的都道府县和作为基础自治体的市町村两级,统称为"地方公共团体"。所谓"地方公共团体",是指"以一定地区为基础,以该区域的居民为成员,并承认有权由居民自治来处置当地事务的自治团体"。按照性质,"地方公共团体"又可以分为普通地方公共团体和特别地方公共团体两大类。

所谓普通地方公共团体,是指在全国地方公共团体里面在组织、事务、权力、职能等方面具有一般性而普遍存在的自治团体,其存在的目的在于提高当

---

① 郑涌,赵云飞,韩文. 聚焦德国政府间财政关系 靠什么实现均等化 [N]. 中国财经报,2007–03–15.

地居民的福利水平。普通地方公共团体包括都、道、府、县、市、町、村等地方政府组织。其中，市、町、村为一层级，位于最基层，被称为"基础自治体"（相当于基层地方政府）；介于中央政府与基础自治体之间的都、道、府、县为一层级，被称为"广域自治团体"（相当于省、州级政府）。

所谓特别地方公共团体，包括特别区、地方公共团体组合、财产区和地方开发事业团。其中，特别区是根据《地方自治法》的有关规定，在大城市设立的行政区域（目前仅在东京市设立23个特别区）。特别区的行政事务范围比一般的市略小（如消防服务由"都"一级负责，而通常是由"市"来负责的），但基本上相同。地方公共团体组合（联合会）是指由两个以上地方公共团体为共同处置某类特定事务而联合组成的合作组织，主要解决靠单个地方自治体所难以解决或成本过高的特定事务，如垃圾处理、义务教育、农业互助和消防等。财产区是为管理某项地方共有财产而设立的，其职责是管理地方上（主要是市町村之间的一部分地区）的某项共有财产或公共设施（如山林、灌溉区、沼泽地、田地、温泉等）。地方事业开发团是指在一定的区域内，以综合开发为目的，由两个以上的普通地方公共团体共同设立的专门组织，受这些地方公共团体的委托来综合地、有计划地实施某项公共设施的建设事业，包括土地征用、设施建设等①。

二、政府间事权和支出责任划分情况

第二次世界大战后，美国军队进驻日本，对日本进行"非军事化"和"民主化"改革。美国认为日本产生军国主义的根源在于其以皇权为核心的中央集权和社会管制较多的政治结构，通过民生改革和地方分权改革可以彻底铲除其军国主义赖以生存的土壤。为此，美国政府派出了以哥伦比亚大学教授夏普为首的"日本税制调查团"来到日本，参与日本的税制改革，提出了一个著名的改革方案，即所谓"夏普劝告"。关于事权划分，夏普劝告提出了著名的"夏普三原则"，即明确划分三级政府事权原则、效率原则、市町村优先原则。根据"夏普三原则"，日本政府在《地方自治法》《地方财政法》等法律中，采用"限制列举""概括授权"等形式对政府间事权进行了原则性划分，

---

① 魏加宁，李桂林．对日本政府间事权划分的考察［M］．财经问题研究，2008（5）．

同时通过个别法对政府间事权进行了具体界定①。

（一）中央政府

中央政府主要负责"国家的事务"，主要包括：①法律、司法、外交、国防以及货币发行等，国家（在国际社会上）存立所必需的事务。②需要全国统一处理的事务。③需要站在全国的角度制定计划和方案的事务。④需要高技术或者需要巨额财政资金的事业。根据《地方自治法》第2条第10款的有关规定，中央政府承担的"国家的事务"具体包括以下内容：①司法。②刑罚以及国家的惩戒。③国家的运输、通信。④邮政。⑤国立教育及研究设施。⑥国立医院及疗养设施。⑦国家的航空、气象及水路设施。⑧国立博物馆及图书馆。

（二）地方政府（地方公共团体）

日本地方政府承担了绝大部分公共事务，事务种类多，业务量大。除了外交、国防和司法等中央政府所应承担的事务以外，与居民日常生活紧密相关的教育、福利、保健卫生、土木建设、产业振兴、消防、警察等工作都是由中央政府与地方政府（都道府县和市町村）共同承担的，并且这些事务的具体实施工作大部分是由都道府县或市町村等地方公共团体负责的。日本地方自治制度的一个基本原则就是，凡直接与居民日常生活相关的行政工作都尽可能由居民身边的地方公共团体来处理，地方公共团体不能处理的问题才由中央政府来照管。

1. 都道府县。都道府县是包括市町村在内的广泛地域的地方公共团体，负责处理以下事务：①"广域事务"：超越市町村行政辖区范围，涉及广泛地域（跨地区）的事务（如制定地方综合开发计划、治山和治水事业等）。②"统一事务"：需要统一处理的事务（如维持义务教育以及其他教育水平、警察的管理及运用等）。③"联络调整事务"：有关中央政府与市町村之间的联络事务，以及对市町村的行政工作进行提议、指导（例如对市町村的组织及其运营的合理化提供建议、劝告、指导等）。④"补充事务"：不适于由一般的（单个）市町村来处理的大规模事务（如高中、医院、研究所和美术馆等）。

2. 市町村。市町村是基础地方自治体，也是和居民关系最为紧密的一级政府，承担着与居民日常生活最直接相关的行政工作，负责处理除了都道府县

---

① 杨华. 日本政府预算制度［M］. 北京：经济科学出版社，2016：11.

所负责行政事务以外的所有事务。主要内容包括：①与居民生活相关的基础性事务（如办理户籍、居民登记、地址标识、开具各种证明等）。②有关居民安全、保健以及环境保护等的事务（如消防、垃圾和粪便的处理以及上水道、下水道、公园等的修建）。③有关街区建设的事务（如城市规划以及道路、河川和其他公共设施的建设、管理）。④有关各种设施的建设、管理事务（如公民会馆、市民会馆、保育所、中小学校、图书馆的建设与管理）。对于前述都道府县所负责事务中的第④项"补充事务"，如果某个市町村的规模及能力许可的话，也可以由该市町村来负责。

总体来看，地方政府主要负责的事务可以分为"法定受托事务"和"法定自治事务"两类。其中，"法定受托事务"是指那些本来应由国家承担，但根据有关法律或政令规定，委托地方处理的事务；"地方自治事务"是指按规定属于地方政府职责范围，应由地方政府负担的事务。对于"法定受托事务"，国家参与度较高，具体可以采取提出意见、劝告、要求提交资料、协议、同意、许可、承认、指示改正等方式进行参与或干预。而对于"法定自治事务"，虽然国家在一定程度上应关注并负有责任，但干预的程度相对较低，除特殊情况下可以采取同意、许可、批准或指示等方法参与外，一般只能采取提出意见、劝告、要求提供资料、协议、要求纠正等方式进行引导[①]。

第四节　印度的事权与支出责任划分

一、政府间关系的总体框架

印度的人口最接近于中国，在1947年以前的190年里，印度一直是英国的殖民地。无论是在历史还是现实方面，作为发展中的两个大国，印度都与中国有着某种程度的相似性和可比性，研究印度地方财政体制，无疑对我国有着非常强的现实借鉴意义。

从行政架构来看，印度是一个中央集权型的联邦制国家，由28个邦和6

---

① 杨华. 日本政府预算制度 [M]. 北京：经济科学出版社，2016：12.

个中央直辖区以及国家首都辖区（德里）构成。1993 年以前，印度联邦主义一直都是两层结构，只在中央和邦之间划分权力与职能。然而，无论是在农村，还是在城市，实际上都存在地方政府机构，只不过它们作为邦政府的代理机构而存在。这些地方机构并不通过正式选举产生，更没有宪法地位[①]。

1993 年印度第 73 次宪法修正案对农村潘查亚特制度的建立进行了规定，要求每个人口超过 200 万人的邦必须建立县、区、村三级农村机构（潘查亚特），并建议各邦向潘查亚特授权和下放职能，使其能够行使地方自治职能，尤其在与社会正义相关的众多项目上，要向潘查亚特下放权力和责任。第 73 次宪法修正案还对中央和邦的关系也做了明确规定，从而确立了中央、邦和农村地方自治政府三级政府管理结构，形成了多层级的政府间财政关系。

现行的印度政府层级分为联邦中央、邦和地方政府三级，其中邦一级政府又可分为邦政府和联邦中央直属区政府两种类型。邦以下政府称为地方政府，分为城市地区和农村地区。其中，城市地区分为三级，分别是大城市或大都市地区的政府（Municipal Corporation）、较小城市（Municipal Council）、城乡接合部的镇潘查亚特（Nagar Panchayat）。邦政府的农村地区分为四级，分别是专区（Division）、县（Dsitrict）、区（Block）和村（Village）；联邦中央直辖区的农村地区则分为县（Dsitrict）、区（Block）和村（Village）三级，未设专区（Division）层级。需要说明的是，并不是所有的邦都设有专区，只有一部分邦出于加强邦与县之间的联系与协调的需要才设立了专区，而且专区只是邦政府的派出机构，不属于正式的行政层级[②]。

二、政府间事权和支出责任划分情况

印度联邦政府与邦政府的事权与支出划分相对较为明确，总体来看，与国家利益有关的事务，比如国防、外交、国家安全、经济稳定事务等，都属于联邦政府；而司法、治安、教育、卫生等公共事务都属于邦政府。

（一）联邦与邦的事权和支出责任划分

1949 年通过的印度宪法明确了联邦与邦之间的职责权限，并分别规定了

---

① 如 1949 年印度宪法第 40 条只是笼统的规定："国家应采取步骤组织乡村评议会，并赋以必要之权力与权威，使之具有自治单位之职能。"乡村评议会即为印度地方政府机构——村潘查亚特。
② 王威. 印度政府预算制度 [M]. 北京：经济科学出版社，2017：7-8.

联邦事权、邦事权以及联邦与邦的共同事权,未作列举的剩余事权归属于联邦政府。

1. 事权和支出责任划分

按照宪法规定,联邦政府主要负责国防、外交、国家安全、保持宏观经济稳定、国际贸易与关系以及铁路、高速公路、航空、州际贸易等跨邦事务等;邦政府主要负责公共治安、公共卫生、农业、水利、地权、渔业、工业等事务;联邦与邦政府的共同责任包括经济社会计划、教育、交通、社会保障和社会保险、计划生育、供电等[①]。

印度联邦与邦财政支出的划分主要是以事权为基础、根据财权与事权相结合的原则划分的。根据印度宪法的规定,在印度领土内,未划归于邦政府管辖的任何部分和任何事务,联邦中央政府有权立法使其归属于联邦中央。同时,邦政府不仅负责邦级事务,还在共同事权项目中发挥着重要作用。

2. 财政支出的分类

联邦财政支出可分为三类:(1)经常支出。主要包括采购货物和服务支出、工资薪金支出、国债利息支出和补助支出等。(2)资本支出。主要包括固定资产投资,购买股票、购买土地和无形资产,资本向国内外转移等支出。(3)贷款支出,包括对下级政府的贷款和转移国外的支出等[②]。

邦财政支出也分为三类:(1)经常支出。主要是用以维持邦政府自身活动及其发行经常职能的支出。(2)资本支出。主要是用于建设项目,如修建道路、桥梁、下水道、医院、学校等公用设施的支出。(3)其他支出。主要是用于支付经营性、劳务性活动,发展对外联系等的支出。

(二)地方政府的事权和支出责任划分

印度地方政府是指邦政府以下各级政府,具体又分为农村地方政府(即潘查亚特)和城市地方政府。

1. 农村地方政府。根据印度第73次宪法修正案,潘查亚特的权力和职责包括:实施土地改革;进行河流整治,发展农村灌溉业、畜牧业和小型工业;开展初(中)等教育、成人教育和职业教育;兴办农村诊所和医院、保健中

---

① Nirvikar Singh, India's System of Intergovernmental Fiscal Relations [R]. Department of Economics University of California, Santa Cruz, 2004.
② 付伯颖. 外国财政 [M]. 北京:经济科学出版社,2003:410.

心、防疫站等；负责农村住房改革及路、桥等交通设施的建设和维护；负责文化发展；管理区域内市场经营；向居民提供家庭、社会福利；负责动物管理；向居民提供清洁的饮用水；消防贫困，促进种族和部落的发展；负责资源、能源等的公共配置；维护公共资产等①。

2. 城市地方政府机构。印度各类规模的城市都建立有自治机关，分别叫都市自治机构、城市议会和镇地区委员会。城市地方政府的职能分为必须的和可选的两类，具体包括消防、公民保护、选民登记、教育、公共卫生、城镇规划、城市道路、环境和公共卫生、水电气供应以及经济事务等。

第五节 俄罗斯的事权与支出责任划分

一、政府间关系的总体框架

俄罗斯是按民族区域和行政区域相结合的原则组成的混合型联邦制国家，同时也是世界上拥有联邦主体最多的联邦国家。联邦主体以下的行政区划统称为地方自治体。1993年俄罗斯宪法规定，俄罗斯联邦包括78个地方政府：49个州、21个共和国、6个边疆区与2个直辖市（莫斯科和圣彼得堡）。此外，还有11个自治区，属于较大省份的下一级单位，但拥有独立的预算。

1995年，《俄罗斯联邦地方自治基本组织原则法》将俄罗斯由四级行政区划（联邦、联邦主体、市、区）转化为三级行政区划（联邦政府、联邦主体政府、地方自治政府），取消了市级政府，使地区政府（即联邦主体政府）成为管理地方的主要机构。预算级次也相应由四级预算（联邦预算、联邦主体预算、市预算、区预算），转变为三级预算（联邦政府预算、联邦主体政府预算、地方自治政府预算）。

2003年俄罗斯对《俄罗斯联邦地方自治基本组织原则法》进行了修订，将地方自治体政府（Municipality）分为高级（Upper Level）和低级（Lower

---

① 巴昭军. 印度潘查亚特制度——地方制度重建的因素与过程 [D]. 武汉：华中师范大学，2007：16.

Level）两个层级（Two-Tiered System）。高级地方政府，即区自治机关，是直接与地区政府打交道的地方政府，包括市政区（Municipal District）、城市专区（Municipal Urban Okrug）等。低级地方政府，即高级地方政府的下级机构，包括城市居民点（Municipal Urban Settlement）、农村居民点（Municipal Rural Settlement）等。修订后的《俄罗斯联邦地方自治基本组织原则》明确规定，每一级地方自治机关都拥有各自独立的预算权限，因此，与行政管理体制相适应，俄罗斯的预算管理体制也相应由三级调整为四级：第一级是俄联邦预算；第二级是联邦所属各共和国、州、边疆区、自治州和自治区、直辖市预算，又称为联邦主体或地区预算；第三级是市政区、城市专区等区自治机关预算；第四级是城市居民点、农村居民点等居民区自治机关预算。

二、政府间事权和支出责任划分情况

1991年独立后不久，俄罗斯便着手实施预算联邦制改革，着力改善和规范政府间事权和支出责任的法律划分。1993年12月，俄罗斯联邦以宪法的形式明确了中央与地方的事权范围，并就教育、卫生、社会政策和经济补贴等共同性支出的拨款责任在中央与地方之间进行了划分。联邦宪法还同时规定，联邦或地区政府可以将责任下放给地方政府。根据宪法的规定，为了减轻财政支出责任，联邦政府将大量没有资金保障的联邦及共同支出责任转移给了地方。比如原由联邦政府各部门承担的教育、医疗、住房、文化等公共支出责任划归地方；联邦政府不拨款却授权地方保证工资增长；联邦政府将大批联邦财产和联邦企业的管理和经营补贴责任下放给地方。这些委托和授权导致地区、地方政府支出规模不断扩大，地区和地方却没有得到相应的财政资金支持，从而一方面模糊了地区和联邦中央之间在财政支出责任方面的边界，另一方面又形成了对地区及地方财政的摊派，加重了地区和地方财政的负担。1999年，仅一些大规模的无资金保障"联邦政府委托项目"就占地区财政收入的60%，大约相当于当年GDP的8%[①]。同时，政府间的财政关系是由政府之间通过谈判主观决定的，而且各级政府的财政支出责任划分每年都要重新确定，这就导致各级政府特别是地方政府所应承担的财政支出责任规定不清，各级政府的事权

---

① 童伟. 俄罗斯政府预算制度[M]. 北京：经济科学出版社，2013：60-73.

和财政支出权限界定模糊,致使中央与地方各级政府在一些职权和管辖权问题上相互推诿扯皮。

针对上述问题,俄罗斯从 2001 年开始实施《至 2005 年俄罗斯联邦预算联邦制发展纲要》,明确规定了划分中央与地方财政支出的五条原则,即从属原则、区域一致原则、外部效用原则、区域差别原则和规模效用原则。其中,从属原则,即指负有某一支出责任的政府应尽可能接近预算服务的受益者;区域一致原则,即对于履行支出责任的政府,其司法权力的有效范围和预算服务的有效范围应尽可能一致;外部效用原则,即一项支出责任的社会相关性越广,通常越应该属于更高层级的政府;区域差别原则,即在预算服务的提供与需求中一项支出责任在地区之间的差异越大,通常越应属于较低层级的政府;规模效用原则,即通常预算支出的集中化有利于预算资金的节约使用。

根据上述原则,在《发展纲要》的基础上,俄罗斯于 2003 年重新修订了《俄罗斯联邦地方自治机构基本原则法》,将宪法第 72 条中所列举的各项政府管理职责进行了逐一定位,划归于不同层级的政府,进一步明确了各级政府的事权范围和具体的支出责任划分,并为每一支出责任配备了相应的资金来源。其中,将外交、国防、安全、立法、司法、基础研究以及能源、交通运输、宇航等与国家整体利益相关的、具有较强外部性特征的全国性公共产品和服务支出,划归联邦,作为联邦财政支出;将基础设施建设、执行地区专项纲要、社会保障、社会服务、社会文化领域等与地区关系密切的支出,划归地区政府支出范围,同时,向地方政府提供财政援助也是地区政府的一项重要支出责任;教育、文化、卫生、体育、市政、住宅和公用事业等支出则主要属于地方财政的支出范围。

(一) 联邦政府事权和支出责任

联邦中央政府主要负责全国性公共服务事业,主要包括:联邦宪法、联邦法律、联邦制度和联邦国家政权机关系统;国防、外交和对外经济联系;国家经济、社会、文化、生态和民族发展等方面的联邦政策;国家统一市场的法律基础,财政、金融和海关调节;联邦财产和联邦预算,以及联邦的主要经济部门,如能源、原子能、交通运输、宇航领域等全国范围内的事务。

根据联邦政府承担的职责和事权,联邦中央政府的支出责任主要包括:保障联邦总统、议会、审计院、中央选举委员会、执行权力机关及其地区派出机构活动的支出，对下年度联邦预算法批准时所规定的、实施全国性管理事项的其他支出；保障联邦法院系统；为了整个联邦利益开展国际事务支出；国防和保障国家安全，实施国防工业军转民；基础科研和促进科技进步；国家对铁路、航空及海洋运输的支持；国家对原子能的支持；消除全联邦性紧急状况后果及自然灾害后果；宇宙空间的研究和利用；归联邦所有或联邦国家机关所辖机构的经费；形成联邦财产的支出；联邦国债还本付息；补偿国家预算外基金用于支付国家养老金、津贴等社保方面的支出；补充国家贵金属和宝石储备以及国家物资储备；举行俄罗斯联邦选举和全民公决；联邦投资计划；保障落实联邦国家机关所做出的、造成其他级次预算增支或减收的决定；保障履行转交地区和地方政府的国家职能等。

此外，与地区密切相关、地区政府无力独自承担或跨地区的一些事权，属于联邦和地区政府的共同事权。具体包括：保证联邦主体的法律同联邦法律一致；保障公民的权利和自由，保障法制和社会秩序；保障自然资源的占有、使用和支配；负责国家财产的划分；解决教育、科学、文化和体育方面的共性问题；确定组建国家和地方自治机构的共同原则；协调联邦主体的对外关系和对外经济联系等。

与共同事权相对应，联邦、地区和地方政府的共同支出责任有：国家对工业部门、建设和建筑工业、煤气和供水、农业、公路和河道运输、通信和道路、地铁等领域的支持；保障护法事务；保障消防安全；保障科技进步的科学研究、试验设计、工程勘测工作；对居民的社会保障；环境保护、自然资源的保护和再生产、水文气象业务；预防和消除跨区域性的紧急状况及自然灾害后果；发展市场基础设施；保障联邦关系和民族关系的发展；依据俄罗斯联邦法律保障联邦主体选举委员会的活动；保障大众传媒活动；保障公共教育等。

从支出结构看，社会政策、国民经济、国家安全和执法以及国防是俄罗斯联邦政府的主要支出项目。2012 年，上述四项支出占联邦财政支出（不含联邦对下转移支付）的比重均超过 10%，其中，社会政策支出占比最高，达到 31.4%；国民经济、国家安全和执法以及国防支出也分别达到 16%、15% 和 14.7%。四项支出合计占联邦财政支出的 77.1%。

（二）联邦主体事权和支出责任

俄罗斯宪法规定，"在俄罗斯联邦的管辖范围之外，以及俄罗斯联邦对俄罗斯联邦和俄罗斯联邦主体共同管辖对象拥有的权限范围之外，俄罗斯联邦主体享有充分的安全的国家权力"。联邦主体的事权和支出责任主要包括：保障联邦主体立法（代表）和执行机构履行其职能；联邦主体债务的发行与偿还；举行联邦主体的选举和全民公决；保障地区专项规划的实现；联邦主体所有的资产的运营；联邦主体的国际交往和对外经济活动；促进由联邦主体管理的企业、机构和组织的发展，推动基础科学研究和科学技术进步；保障联邦主体大众信息工具的运作；保障转由地方履行的国家职能的完成；对因联邦主体决策，导致地方政府预算收入减少或支出扩大而造成的额外支出予以补偿。

从支出结构看，教育、国民经济、医疗卫生和体育、社会政策是俄罗斯联邦主体的主要支出项目。2012 年，教育支出占联邦主体财政支出（不含对下转移支付，下同）的 24.60%，是联邦主体最主要的支出项目；国民经济、医疗卫生和体育、社会政策支出占比也分别达到 19.29%、18.20% 和 15.30%。四项支出合计占到联邦主体财政支出的 77.39%。

（三）地方政府事权和支出责任

根据俄罗斯联邦《预算法典》等规定，地方政府的事权和支出责任主要包括：地方自治机构经费；地方财产的组织和管理；地方所有或地方机构所辖的教育、卫生、文化、体育、传媒等企业、机构和单位运转与发展；地方公共秩序机构经费；地方住宅公用事业的组织、运转和发展；地方道路建设和地方性道路的维护；地方公用事业和绿化；废物利用与加工（放射性废物除外）；地方所管的墓地维护；为居民及地方所有或地方所属机构提供交通服务；保障消防安全；地方区域内的自然环境保护；实施地方自治机构通过的专项规划；地方公债还本付息；对居民提供专项补贴；地方档案馆管理维护；地方选举和全民公决等。

从支出结构看，教育、住房和公共设施是俄罗斯地方政府的主要支出项目。2012 年教育支出占地方财政支出的 41.4%，是地方政府最大的支出项目；住房和公共设施占地方财政支出的比重也达到 15%，是地方政府第二大支出项目[①]。

俄罗斯政府间支出责任划分情况详见表 4-6[②]。

[①] 童伟. 俄罗斯政府预算制度 [M]. 北京：经济科学出版社，2013：72-80.
[②] 郭连成，车丽娟. 俄罗斯预算联邦制的改革与发展 [J]. 俄罗斯中亚东欧研究，2009 (3).

表 4-6　　俄罗斯联邦政府间支出责任划分情况表　　单位:%

事权项目	联邦[a]	地区	地方
司法系统	89	11	
外国关系与国际合作	97	3	
基础研究	99	1	
国防	100		
国家安全和法律执行	77	20	3
内政事务	62	33	5
防火	33	62	5
国民经济	36	56	8
太空活动	100		
矿产资源、水资源和森林再造	89	11	
农业和渔业	24	70	6
交通	32	59	9
住房和家庭供给采购[b]	9	49	42
环境保护	29	56	15
初等教育	22	26	52
学前教育、中等教育、基础职业教育、青年政策和儿童保健	1	21	78
高等职业教育	95	5	
文化、媒体和电影制作	29	39	32
新闻出版	11	65	24
卫生保健与体育	14	68	18
社会政策	81	14	5
养老金	100		
人口社会服务	7	81	12
孤儿院	1	24	75

注：a. 联邦支出包括用预算外资金安排的支出。b. 包括电、热、气、水供应以及污水垃圾处理等。

资料来源：Kraan（2008）。

第六节　启示与借鉴

考察外国的政府间事权与支出责任划分，尽管不同国家之间存在一定差异，但它们具有规律性和普遍性的一些做法和经验，无疑值得我们参考与借鉴，当然有些教训也值得我们反思。

一、合理确定政府与市场的关系

理顺事权与支出责任划分，首先应明确区分政府与市场的关系。合理界定政府财政职能及其与市场的边界，是科学划分政府间事权与支出责任的基础与前提。政府职能定位不清晰、不合理，政府间的事权与支出责任也不可能得到科学、合理的界定。

因此，各国普遍把区分政府与市场的边界，明确政府应承担的社会事务、经济事务的范围放在优先位置，防止政府与市场的边界不清。考虑到政府的扩张本能和倾向，划分政府与市场边界时，应确立市场优先原则：凡是市场可以承担的，就不应让政府承担；凡是政府和市场可以合作承担的，应尽量扩大市场的作用；同时，还应周期性审查政府的职能，凡是随着资本积累和技术进步已经能够由市场承担的，应坚决交由市场承担。

二、明确划分各级财政的事权范围

总体来看，各个国家对各级政府的事权项目和财政支出责任均有比较明确的分工，而且这种分工一般都由宪法或法律加以明确的规范，并在较长期限内保持相对稳定。在政府间事权范围划分上，西方国家一般都按照"从属原则"或"辅助原则"规范事权归属，即越是中央政府，越处于相对次要的从属地位，越是地方政府，越处于较为重要的优先考虑地位；凡是能够在下一级政府完成的事权，应优先由下一级政府行使，从而使每一项服务都能够尽可能地贴近受益者。这样既可以防止权力的过度集中与滥用，也可以提高管理效率。

如俄罗斯在宪法规定的联邦与地方事权范围的基础上，于2003年重新修订了《俄罗斯联邦地方自治机构基本原则法》，进一步明确了各级政府的管辖范围和权限以及各级政府的具体财政支出权限和责任。印度除国防、外交、国家安全和赤字财政等重大问题的决策权归联邦政府管辖外，其他经济决策权均采取联邦与邦分权体制，即便是作为地方政府的三级潘查亚特之间，也具有明确的支出责任分工。德国对联邦、州与地方政府之间的职责进行了明确划分，联邦《基本法》明确规定，"联邦和各州分别负担履行各自任务所需的支出"，从而体现了职能和任务分配与支出负担之间的统一性和一致性,避免了各级可能为事权划分和支出分担而发生的推诿扯皮与讨价还价现象。法国在财政分权的过程中,同时规定只有地方政府无能力或无条件执行的事权项目,中央才有权力实施管理,从而保证了地方的事权完整,提高了资源配置效率。

从各国的实践来看,各级政府的事权划分得越清楚、职责越明确,政府工作效率就越高,越有利于各项事权的履行与政府职能的发挥。

三、事权划分大多采取"列举"或"限制列举"方式

各国一般采取"列举"或"限制列举"方式,对政府间事权进行划分和配置。比如,美国由宪法以列举联邦事权的方式对联邦和地方事权划分提供了大致框架和原则,其中,联邦拥有宪法第1-4条所列举的"授予的权力"以及从授予的权力中合理引申出来的"默示的权力",州拥有宪法"未授予合众国也未禁止各州行使的保留的权力"。日本在《地方自治法》《地方财政法》等法律中,采用"限制列举""概括授权"等方式,就政府间事权进行原则性划分;同时,通过个别法对政府间事权进行具体界定。德国通过联邦基本法采取"限制列举"方式划分政府间事权,"为了普遍的利益必须进行处理的事务"由联邦负责,除"基本法另有规定或准许外,各州以自己的事务执行联邦法律"。印度由《宪法》同时列举联邦与邦事权以及双方共同负责的事权,未列举的剩余事权归属联邦。加拿大由宪法同时列举中央与地方事权,联邦与省按法律规定对经济活动各司其职,法律未作具体规定的事务则由联邦政府负责。南非在法律上列举了地方事权,而未列举的事权推定属于中央。

四、实行财权、财力与事权相匹配

拥有行事之权,承担行事之责,就必须有能够相匹配的财政收入。从财政分权理论角度分析,政府间财政收支的划分已经具有一套比较规范和科学的模式。但通过对相关国家财政收支实践的分析可以看出,各个国家的政府间财政收支划分各有特点,各级政府财政收支所占比重也各不相同,有的甚至相差悬殊。但无论政府间收支如何划分,比重如何悬殊,各国特别是美国、法国、德国等发达国家,都能做到在事权划分的基础上,通过收入划分和转移支付建立起比较完整的地方政府筹资体系,实现地方政府的收支匹配,确保地方政府能

够有效、公平地履行职责。

如俄罗斯《预算法典》规定，俄罗斯每一级政府的支出责任应能完全由纳入本级预算的收入予以保障，高层级政府在下放支出权限时应同时提供充足的预算补助资金。由此，俄罗斯法律法规规定，自 2006 年起，全面禁止下放给下级预算无资金保障委托义务，地区和地方预算支出应得到全面保障[①]。2010 年，俄罗斯对《预算法典》进行了修订，将俄罗斯政府预算管理的原则由 10 项增加到 13 项。新增加的"预算支出隶属原则"明确要求，预算资金的获得者只能从其所从属的预算资金总支配人手中获得预算资金，并同时履行支出责任；预算资金总支配人无权向非隶属部门拨付预算资金，从财力保障的角度实现事权的明晰划分[②]。

德国《基本法》也对政府间财权与事权的匹配做了严格而明确的规定："联邦委托各州管理事务的，联邦负担相关支出"；"联邦法律规定发放钱款待遇并由各州执行的，可规定联邦负担全部或者部分费用支出"；共同事务中的高等学校事务、地区性经济结构的调整和完善，联邦"为各州负担其支出费用的一半"，对于农业结构的改善和海岸防护事务，联邦"至少负担一半的费用"。

法国则将职权与资源共同转让作为地方分权的一项重要原则，从根本上杜绝了上级政府"上收财权、下放事权"或者"下放事权、不同时下放财权"的自利行为的发生，实现了地方政府财权事权的统一。

日本是典型的"大地方政府"模式，国家的绝大部分公共事务由地方政府兴办，地方预算支出占全国预算支出的比重比较大。为平衡和弥补地方政府履行事权的资金缺口，平抑地区间经济发展的不平衡，日本政府通过大规模的转移支付确保地方事权和支出责任需要。地方交付税、地方让与税、国库支出金是日本政府间转移支付制度的三种主要形式。与其他发达国家相比，日本政府间转移支付无论是在规模上，还是在调整地区间财力差距上，都具有非常突出的优势和作用。

---

① 童伟. 俄罗斯政府预算制度 [M]. 北京：经济科学出版社，2013：69.
② 童伟. 俄罗斯政府预算制度 [M]. 北京：经济科学出版社，2013：32.

五、政府间事权项目的具体划分有其规律性

在各国的政府间事权划分实践中，国防、外交、国际贸易、中央银行、全国性的立法和司法等均为中央政府的职责，而交通、教育、卫生、环保、警察、消防、公园、社会福利等的大部分（或至少一部分）为州（省或邦）等次国家级政府的职责，同时次国家级政府的职责一般还要在中间层级政府和地方政府之间进行合理分配。不同国家之间的区别只是在于中央政府在多大的程度上介入上述次国家级政府的功能，以及次国家级政府职责如何在州（省）与地方政府之间进行合理分担，而这通常与财政分权程度相关。其中，从中央与地方财政分权关系看，财政分权程度较高的国家，中央政府在这些项目上支出的比重就比较少；而在财政分权程度较低的国家，中央政府在这些项目上的支出比重就比较大。从地方政府间的财政分权关系看，州（省）对地方政府的财政分权程度高，则往往意味着州（省）政府参与承担次国家级政府职责的程度要相对低一些，反之则意味着州（省）政府在次国家级政府职责项目支出比重要相对高一些。

具体来看，市场经济国家的政府间事权项目划分具有一定的规律性（马骏，1998；齐志宏，2001；李萍，2010）。

一是社会保障、医疗健康等具有收入再分配性质或需要全国统一标准的公共产品和服务，一般主要由中央（联邦）政府或中间层次政府来提供。以社会保障为例，社会保障是比较典型的中央事权项目，总体来看，发达国家中，中央政府的社会保障与福利支出大约占全部社会保障与福利支出的80%，发展中国家也占75%左右。德国、英国、日本、瑞典等国的社会保障，均由中央完全负责，澳大利亚、美国则采取联邦与州共同承担、以联邦为主的划分模式，印度的社会保障支出则主要为州政府的责任。

二是对辖区居民具有直接影响的城市规划建设管理、社区与住宅、警察与消防、公共卫生等事权项目，主要由地方政府来承担。如公共卫生在大多数国家为共同事务，但以地方作为主体。通常地方政府负责一般性疾病的预防和诊断工作；出于规模效应的考虑，治疗性或专业性医院则一般由省级乃至中央政府负责；而传染性疾病的防治多由中央或省级政府承担。从有关国家的实践看，法国明确地方政府（市镇）提供公共卫生服务；美国无论是服务提供还是资金筹集均由州和地方政府为主负责。但也有例外，如英国的医疗卫生实行高度集权的管理体制，卫生部通过全国统一管理的国民健康服务机构提供医疗卫生服务；澳大利亚公共卫生的具体管理工作虽然由地方负责，但大部分资金由联邦政府给予支持。

三是在大多数国家，教育通常是由中央、省、地方三级政府共同承担，但不同国家各级政府责任配置不尽相同。如意大利的教育职能集中在中央，中央制定全国的教育标准，负责几乎全部的教育开支。法国的小学一般归市镇管理，中学归省级管理，大学归国家管理，学校设施由各级预算拨款建设，但教师工资均由中央财政支付[1]。英国虽然主要由地方政府管理，但所需经费来源于中央财政拨款。澳大利亚联邦政府主要负责高等教育，并对各州的学校教育给予少量补助；州政府负责中小学教育，并资助本州内的职业培训机构；地方政府对学校教育不承担直接责任，主要负责社区层次的学前教育和放学后看护[2]。在加拿大、德国、瑞士和美国等联邦制国家，教育支出的主要责任属于州和地方政府。世界银行建议的教育职能分配方案是，中央负责大学教育，省（州）负责大学和中等教育，地方政府则主要负责初等和中等教育。

六、财政集权与财政分权适当结合

集权与分权的争论是一个永恒的主题。集权与分权没有绝对的界限，世界上各个国家没有绝对的财政集权，也没有绝对的财政分权。关键的问题是什么样的权力适宜集中，什么样的权力应该分散，以及在多大程度和什么方式上实行集权和分权。集权与分权适当结合表现在四个方面。

一是集权与分权的程度要适度。如果把财政集权与财政分权作为一个线段的两端，那么各个国家都分散在这个线段两端之间的某个位置，无非是有些国家离集权那一端更近一些，有些国家离分权那一端更近一些。从各国财政分权发展趋势上分析，尽管不同国家和地区在事权划分、收支安排等方面存在差异，但无论是财政集权型国家还是相对分权型国家，都在向着适度集中与适度分散相结合的方向发展。

---

[1] 于长革. 国外政府明确事权的经验与启示[N]. 中国财经报，2014-05-29（8）.
[2] 卢真，陈莹. 澳大利亚政府预算制度[M]. 北京：经济科学出版社，2015：28.

二是集权与分权的内容要合理。从事权和支出责任的内容来看，中央政府职责重心为宏观调控领域，地方政府事权责任主要为地方性事务。因此，在经济稳定、收入再分配调控等方面，中央要集权，而在公共产品和服务供应等地方性事务上，中央要放权。

三是集权与分权的方式要科学。上级政府对下级政府（尤其是中央政府对地方政府）的集权或放权，应以收入划分和转移支付的经济手段进行间接调控，而不宜通过简单的行政隶属关系或强制命令手段来实现上级对下级的制约。

四是集权与分权的认定不全面。一个国家到底是财政集权还是财政分权，不能单纯从财政收支数据进行分析，而是要统筹考虑各项权力配置进行综合判断。比如从事权配置和财政支出占比来看，日本的财政联邦主义特征非常突出。但日本的中央政府在很多方面对地方政府具有比较强的干预能力，中央可以委托地方政府承担部分事务，对于地方自治事务中央有部分干预的权力，在地方债上有很强的干预能力，在人事上内阁对于地方选举官员也有一定的罢免权。综合分析，作为单一制国家的日本，相对于联邦制国家中央政府的权力更大[①]。

另外，需要注意的是，无论财政集权与财政分权如何结合，总体来看，大部分国家的中央政府都承担了主要的政府职能，中央政府直接支出占全部财政支出的比重超过50%。从2009年OECD27个国家的数据（见表4-7）可以看出，尽管分权程度差异较大，但各国中央政府支出所占比重普遍较高，平均达到67.5%，英国、法国分别达到71.6%和79.7%，美国也超过50%。

表4-7　　　　　OECD国家2009年中央政府支出比重　　　　　单位：%

国家	中央政府支出比重	国家	中央政府支出比重
新西兰	89.3	韩国	54.6
英国	71.6	波兰	69.3
爱尔兰	80.3	法国	79.7
挪威	68.8	日本	68.2
捷克	72.6	意大利	68.5
美国	56.3	丹麦	36.8
葡萄牙	87.1	芬兰	60.8
希腊	93.6	加拿大	35.7

---

① 楼继伟. 中国政府间财政关系再思考 [M]. 北京：中国财政经济出版社，2013：209-210.

续表

国家	中央政府支出比重	国家	中央政府支出比重
冰岛	68.3	荷兰	66.5
匈牙利	75.4	比利时	62.3
斯洛伐克	82.5	西班牙	50.9
卢森堡	88.5	德国	63.1
奥地利	72.6	瑞士	45.4
瑞典	55.2	27国平均	67.5

资料来源：楼继伟（2013）第271页。

七、政府间事权和支出责任划分的法治化程度高

由于市场经济发展程度、政治体制、社会偏好、风俗文化、历史传统等因素的差异，各国实践中多级政府间的事权和支出责任划分在形式上存在着多样性的组合，但这些国家的事权和支出责任划分却有一个共同的特征就是具有法治性。在明确界定政府与市场、政府事务与民间事务的基础上，各国均通过宪法和法律的形式，明确划分中央与地方政府各自的事权范围和支出责任。宪法和法律的修改程序复杂，条件严苛，相应保证了职责配置和事权划分的规范性、稳定性和连续性，避免了因政府换届或更替而随意改变规则的可能性，也有助于减少谋求私利与局部利益的财政寻租活动，从而为财政体制的有效运转提供了基本条件。

比如俄罗斯《预算法典》第129条规定，要以法律的形式划分各级政府的支出权限。2003年修订的《俄罗斯联邦地方自治机构基本原则法》，将宪法第72条中所列举的各项政府管理职责划归于不同层级的政府，并为每一支出责任配备了相应的资金来源。加拿大联邦政府与省政府之间的职责分工由《宪法》层面进行明确；地方政府之间的事权与财政支出划分，也往往由地方议会对其进行专门的立法，从而确保事权责任履行的具体性、权威性与规范性。美国、德国、日本等国家，不仅制定了《农业法》《农业基本法》《联邦农业完善与改革法》等促进农业发展的主体法律，还配套实施了《土地休耕保护法》《农业投资法》等具体法律法规，将各级政府间农业事权以法律形式予以明确，这样有利于减少政策实施时的摩擦，为开展农业管理提供制度保

障①。即便是相对落后的印度，也通过宪法明确了联邦与邦之间的职责权限，并分别规定了联邦事权、邦事权以及联邦与邦的共同事权，未列举的剩余事权归属于联邦政府。

总体来看，各国普遍以宪法或法律的形式，对各级政府的职责、职权做出明确而详细的规定，各个国家中央（联邦）、省（州）、地方都有比较明确的事权范围，而且事权、职责的大小以及履行方式都有法可依，从而确立起政府间事权和支出责任划分的基本框架。在这个法治的框架下，中央政府承认地方政府的利益诉求，各级政府主要对本级立法机关和辖区内居民负责。由于将事权和支出责任划分纳入宪法和法律体系中，在法律制定、修订和完善过程中，无论是中央政府还是地方政府，也无论是立法机关还是辖区居民，都有机会通过立法、修法等法律程序，参与政府间事权和支出责任划分的讨论与决策，既保障了各方的法律权益，也有利于厘清和明确各级政府的职责范围，规范和优化政府间的事权划分（见表4-8）。

表4-8　　　　部分国家政府间事权配置的主要法律情况表

国家	立法形式	国家	立法形式
美国	宪法、美国法典、各州宪法等	西班牙	宪法、西班牙组织法等
加拿大	1867年英属北美法案、各省城市法案等	日本	宪法、地方自治法等
英国	权利法案、地方政府法、地方政府社会服务法等	意大利	宪法
德国	联邦基本法、各州的州宪法	埃及	宪法、1979年143号法案等
瑞典	政府法案、地方政府法案	巴西	宪法、州法律等
法国	宪法、权力下放法案	印度	宪法
澳大利亚	联邦宪法、州法律、财政管理与责任法案等	波兰	宪法、地方政府法
新西兰	宪法、公共财政法等	捷克	宪法、共和国特别法等
马来西亚	宪法	俄罗斯	宪法、预算法等

资料来源：李萍（2010）第58页。

---

① 张铁亮，杨军，王敬. 农业事权划分研究：国外经验与启示 [J]. 中国农业资源与区划，2017 (5).

第五章　完善事权与支出责任相适应制度的构想

第一节　基本目标、原则与总体思路

一、基本目标

构建事权与支出责任相适应的财政制度的基本目标，就是要以财政分权、公共经济、公共财政等理论为依据，以明晰政府间权责关系为突破口，充分利用我国在财政体制改革期间的财政管理创新空间，努力实现事权与支出责任在中央与地方以及省以下各级政府间全面、清晰、高效的划分与配置，形成划分科学、权责匹配、集散适度、调控有力的配置格局。

二、基本原则

借鉴市场经济国家规范政府间财政关系的理论与经验，并综合考虑我国中央与地方事权和支出责任划分的现状，我国事权与支出责任的划分改革应遵循以下原则。

（一）市场优先原则

市场优先原则是我国财政体制理论与实践所必须要遵循的首要原则，自然也应该是事权与支出划分改革遵循的第一原则。具体来讲，就是要坚持市场在资源配置中的基础性和决定性作用，凡是公民可以做的政府都要退出，凡是市场可以调节的政府都要退出，市场暂时做不好，政府也要引导和培育市场，待市场能够做好时再予退出。政府的主要职责是通过宏观调控实现经济稳定和发展，并通过合理配置社会公共资源和收入分配促进社会公平正义，提供公共产品和公共服务满足人民群众基本和不断发展需求。市场优先原则要求，要按照"有所为，有所不为"的原则，重新划分和规范政府与市场的职能范围，真正实现从全能型政府向公共服务型政府的转变。

（二）受益范围原则

所谓受益范围原则是指政府事权划分要按政府各项服务所覆盖的居民范围，来确定某项服务由哪级政府承担。根据公共产品和服务的受益范围不同，可以把公共产品和服务划分为若干层次。受益范围覆盖全国以致全体居民受益的公共品和公共服务，则应划归中央负责；若只是地方居民受益，则应划归地方政府负责。同理，属于地方政府负责的事权项目，还可以按受益原则在地方各级政府之间做进一步的细分，其中受益范围较大的区域性公共产品，应由较高级别的地方政府来提供，反之应由较低级别的地方政府来提供。

（三）激励相容原则

我国不同地区间经济社会发展水平存在明显差异，各级政府间的财政状况也千差万别，事权与支出责任的划分应将各区域的实际情况考虑进来，既要保证省、市、县各级政府及其地区经济利益的协调，又要通过构建正向激励机制促进整体利益最大化。特别是在事权与支出责任的横向配置上，应保证同级、同类政府承担的责任大致相当，以实现公平，而不能人为地划定不同的区域，设定不同的事权负担政策，导致不同区域内的同类市县享受不到同等的财政待遇。

（四）优先分权原则

在事权划分过程中，要以分权作为优先考虑，行使一项支出职能的行政机构应该尽可能地靠近接受公共服务的受益者，公共服务事务要尽量下放至低层级政府，以提升公共服务供给效率。具体来说，凡是在市县层面能够实现的职能与服务，就无须省级介入；凡是在省级层面能够实现的职能与服务，就无须中央介入；越是高层的权力，越处于从属和辅助地位，越是低层的权力，越要优先考虑。

(五) 公平效率原则

公平原则强调地区间基本公共服务的大致均等化、合理收入分配及收入差距的可容忍。公平原则要求，对于涉及公民基本生存与发展权力的基本公共产品和服务，不同区域的政府应按要求提供统一的服务水平和标准。对于基本公共产品和服务的财力缺口，上级政府应给予财力补助，确保实现基本公共服务均等化。关系地区和居民间收入分配的事权，如基本社会保障、教育等，中央应承担应有的责任。

效率原则主要是指在事权划分中应充分考虑成本效益。在提供的公共产品方面，上级政府并不总是比下级政府更有效率。当某项事权交由某一级政府办理的成本最低、效率最高、社会效用最大、资源配置的扭曲程度最低时，相应地就应该将该项事权和支出责任交由该级政府。

在我国这样一个以经济社会政治统一、社会公平稳定为价值追求，地区经济社会发展不平衡的国家，无论是公平还是效率都是我们难以取舍的。因此，公平效率原则意味着公平与效率要统筹兼顾，即在事权和支出责任调整划分过程中，我们既要追求公共服务提供的效率，又要保证各地区公共服务的大致均衡、收入差距的可接受，既要尽力而为，也要量力而行。

(六) 收支匹配原则

财力是事权正常顺利履行的重要保障。事权与财政支出责任的落实，必须以相应的筹资能力作为基本前提，否则事权划分得再科学、合理、明晰，事权也很难有效执行或实施。在科学划分各级政府间事权和支出责任的同时，应结合事权规模，通过收入划分和转移支付制度设计，向各级政府匹配相应的财力，使各级政府的财力与承担的事权相适应，从而最大限度地发挥好各级政府职能作用。

(七) 事权法定原则

法定原则是依法治国理念在政府间财政关系方面的必然要求和具体体现。为了防止政府间事权与支出责任的"错位""缺位"和"越位"，同时也为了防止政府作为"理性人"追求自身利益最大化而牺牲或影响其他级次政府的利益，事权与支出责任的划分必须有健全的法律、法规作为依据和保障。事权法定原则要求，各级政府的事权行为都要有所约束和限制。对上级政府而言，应该遵守自己制定的事权划分原则与规则，尽量避免随意更改游戏规则；对下级政府而言，应该按照既定的事权划分方案履行职责，承担相应的义务，而不能钻制度的漏洞和空子。

三、总体思路和步骤

建立各级政府的事权与支出责任相适应的财政制度，是一项系统的工程，不可能一蹴而就，需要付出长期努力。总体来看，划分政府间的事权与支出责任需要把握好解决问题的思路和步骤。

（一）总体思路

首先是政府与市场之间的职能划分，解决政府职能的缺位与越位问题；其次是不同级次政府间的事权划分，明确各级政府的职能、职责与任务；再次是不同级次政府间的支出责任划分，从财政支出的角度明晰各级政府的支出承担责任；最后是对财政收入和转移支付进行配套改革，为事权和支出责任的履行提供财力保障。

也就是说，要"建立事权和支出责任相适应的制度"，既要正确处理政府与市场的边界问题，规定政府该做什么以及不该做什么，科学合理地明确各级政府的事权划分，也要使得事权明晰、合理地落实到各级财政支出责任的"明细单"上，还要对政府间收入划分和转移支付进行改革完善，为事权划分提供财力支撑。

（二）具体步骤

在具体操作过程中，采取"清理甄别、制定清单、逐项划分"的步骤积极推进，既要抓住重点、寻求突破口，又要积极稳妥、循序渐进。

1. 清理甄别，就是在探索厘清政府与市场边界的基础上，组织各级各有关部门对现有财政支出事项逐项进行清理，该退的退、该转的转、该进的进，将政府该管的管住管好，将不该管的彻底放给市场和社会。

2. 制定清单，就是根据财政支出范围清理结果，对清理保留的支出事项进行总结、提升，拟定政府主要事权项目清单，并根据经济社会发展和形势变化进行动态调整。

3. 逐项划分，就是对清单内的事权项目，在综合考虑其内在属性和外部性、管理效率、信息复杂程度等因素的基础上，采取上级限制列举、剩余归属下级的方式，明确各级政府的事权和共担事权，理顺政府间的事权与支出责任配置。

第二节　重新界定政府的职能和事权范围

一、总体要求

公共产品的存在是导致市场失灵的重要原因之一，也是政府存在的客观基础和充分条件。从这一角度看，公共产品既是公共财政的理论基础，又是支出事权划分模式的切入点。只有在市场失灵的领域和范围内，政府才可以承担起向社会提供公共产品的职能，以弥补市场失灵造成的供给缺陷。因此，合理界定政府财政职能及其与市场的边界，是科学划分政府间事权与支出责任的基础与前提。政府职能定位不清晰、不合理，政府间的事权与支出责任也不可能得到科学、合理的界定。

关于政府的职能作用，十八届三中全会做了新的界定，具体包括保持宏观经济稳定，加强和优化公共服务，保障公平竞争，加强市场监管，维护市场秩序，推动可持续发展，促进共同富裕，弥补市场失灵等八个方面。现在的政府职能定位，特别是财政支出保障上，最突出的问题不是管得不够，而是管得太多、太细，财政支出范围过于宽泛，对微观经济领域介入过多、伸手过长，干预了市场机制正常运行。要改变这种状况，关键是要紧紧围绕使市场在资源配置中起决定性作用来规范政府职能和财政的活动范围。

二、具体措施

一是要加快财政资金退出一般竞争性领域的步伐，取消和减少财政对一般竞争性领域企业的直接补助和补贴。要按照市场优先的基本规则划分政府和市场的边界，凡是市场可以承担的，就没必要让政府承担；凡是政府和市场可以合作承担的，应尽量扩大市场的作用；对于市场暂时不能承担的领域和支出项目，政府要积极努力创造条件，以便市场能够早日承担。要对政府对竞争性领域的投入进行梳理，凡是政府直接投向微观企业的资金严格来讲都不属于政府的事权范围，应该取消或逐步取消。要建立健全政府职能的周期性审查机制，凡是随着经济的发展和改革的深入，已经能够由市场承担的，要坚决交由市场承担。

二是要加大对经济社会发展重点领域和薄弱环节的投入，增加公共服务供给，以便弥补市场失灵、更好地发挥政府作用。按照"有退有进"的原则，将私人产品和混合产品优先交由市场管理，政府职责重点转向提供公共设施、基础教育和社会保障等公共服务性支出。要按照保基本、兜底线、促公平、可持续的原则，合理确定并动态调整民生保障项目和保障标准，不断提高民生支出占财政支出的比重，切实保障好关系群众切身利益尤其是涉及"老小孤残"等弱势群体的支出。要完善基本公共服务保障体系，优先安排基础教育、就业服务、社会保障、医疗卫生、公共文化、生态环保、公共安全、基本住房保障等方面支出，使财政基本公共服务支出与经济社会发展总体水平和政府财力增长相适应。

三是要改进财政调控经济运行和资源配置的方式，改变财政大包大揽、直接投入的支出方式，逐步向间接支持、协同支持、政策引导转变。要积极推行政府购买服务制度，将适合市场化提供的公共服务事项交由社会组织承担，在增加公共服务供给的同时，满足社会大众多样化的公共服务需求。推广政府与社会资本合作（PPP）模式，把政府部门的社会责任、远景规划、协调能力与民间资本的管理效率结合在一起，吸引民间资本参与公益事业和基础设施建设。

三、职能和事权清单

政府职能从"越位"领域退出和填补"缺位"领域的职能后，我国政府职能（尤其是其中的经济职能）可概括为以下几个方面。

1. 制定、发布和实施社会经济发展的中长期规划和产业政策，提出发展战略目标，协调国民经济重大比例关系，实现国民经济和社会发展综合平衡。

2. 加强和改善宏观经济调控，主要依靠财政、金融等宏观调控的经济手段，保持社会经济的稳定和增长，保护币值基本稳定，促进产业结构的调整和优化，促进经济增长方式由粗放型向集约型转变，提高经济增长的质量和效益。

3. 加强社会主义市场法制建设，培育市场体系，监督市场运行，规范垄断企业，克服信息偏在，创造平等竞争的市场秩序和环境。

4. 有效提供公共产品，包括国防、法律与秩序、财产所有权保护、基础教育、科技文化、公共医疗卫生等，满足社会共同需要，为企业生产经营和居民生活创造良好的外部环境。

5. 从事基础设施建设，改善投资环境，为社会经济的长远发展和经济结构升级提供条件，强化对社会经济发展的先导作用。

6. 推进经济体制改革，深化企业制度改革，促进企业机制转换，造就市场经济的微观主体，对国有企业实施战略性改组。

7. 培育和完善各类市场，形成开放、竞争、统一、有序的市场体系。

8. 加强国有资产监管，确保国有资产保值增值，提高国有资产配置效率，建立符合市场经济规则的国有资产管理体制、运营机制和监督机制。

9. 扩大对外开放，加强国际经济合作，积极参与区域一体化组织，同时，有重点地选择"战略性产业"给予积极扶持和有效保护，扶持和发展民族经济。

10. 建立健全社会保障制度，调节收入和财产分配，维护社会公平，控制人口数量，提高人口素质。

11. 加强环境、生态、资源保护，维护生态平衡，实行资源开发利用与保护整治并重的方针，防止污染，实现经济社会可持续发展[1]。

第三节 合理划分和配置政府间的事权项目

一、政府间事权划分的具体路径

事权在政府间的划分，首先要明确中央与地方政府之间的事权划分；在此基础上，对属于地方的事权，要在省以下各级政府之间进行科学划分。在事权划分过程中，我们还要注意规范混合事权的分担方式，厘清各级政府之间的委托代理关系。

---

[1] 山东大学课题组. 建立健全与事权相匹配的财税体制研究 [R]. 2013：218-219.

(一) 中央与地方政府间的事权划分

根据政府的职能分工及受益范围，我们可以将政府事权划分为纯中央事权、纯地方事权、中央地方混合事权。

纯中央事权是指全体国民共同受益而且必须在全国范围内统筹安排的事务，比较典型的包括国防、外交、国家安全事务、空间事务、中央行政管理等。

纯地方事权是指仅限于某一辖区内的社会成员共同受益，而且由地方承办效率更高的事务，主要包括辖区内的社会治安、消防及行政管理，辖区内重要基础设施建设和城镇公用事业发展等。

中央地方混合事权，主要是指由中央政府出面承办效率更高，但是受益者既不面向全体国民也不局限于某一行政辖区的事务，或者由地方政府承办效率更高，但是可以归全体国民共享的事务。比如跨省区的基础设施建设，大江、大河、大湖的治理等，重要历史文化遗产与珍贵文物的整理保护，文化设施免费开放，地方接待外国领导人访问等。

(二) 省以下政府间的事权划分

在准确区分中央与地方事权范围的基础上，要进一步划分地方政府间的事权范围，按照外部性、信息复杂程度和激励相容原则，将纯地方事权进一步细分为纯省级，纯市级，纯县级以及省、市、县混合事权，将中央地方混合事权中地方政府的职责进一步明确到省、市和县乡。

一是将促进区域协调发展、保障全省重大战略实施的重要事务作为省级事权，由省级单独承担，并尽量减少委托事务。

二是将具有地域管理信息优势但对其他区域影响较大的公共产品和服务，如部分社会保障、跨区域重大项目建设维护等作为省与市县共同事权，由省级和市县共同承担。

三是将地域信息性强、外部性较弱、主要与当地居民有关的事务放给市县。

各级政府事权确定后，应进一步理顺部门职能，实现本级事权在部门间科学、清晰、高效配置。同时，还要建立事权清单制度和动态调整机制，将各级政府的事权逐项清理甄别，列出清单，并根据经济社会发展和形势变化进行动态调整。

（三）混合事权的分担方式

事权划分的难点不在于纯中央、纯省和纯市县事权，难点在于混合事权，尤其是在一个五级政府框架内对各级的混合事权项目进行划分，就显得更为困难。因此，混合事权是目前所有事权中最多、最不规范、最不明确的因素，也是科学、合理划分政府间事权的重点和关键所在。

对于混合事权，要根据各方受益程度，并充分考虑市、县、乡财政的承受能力，采取科学的分担方式，将混合事权在省以下各级政府间进行合理配置。混合事权的配置方式主要有两种。

第一种是将事权进一步细化为若干小项，再将各个小项事权在各级政府间进行分配。

第二种是在某项事权无法再细分，或不宜按照细分后的小项事权在政府间进行分配的情况下，可以设定共同参与各级的权责大小，明确主要承担方、次要承担方，或者以百分比的方式明确各级权责。

要根据事权的不同特点和具体要求，科学合理地选择确定混合事权的配置方式。

（四）各级政府之间的委托代理关系

按照上述步骤和程序明确政府间事权，是按照事权划分原则对政府间事权进行规范配置，因而只是政府间的初始事权划分。在划分初始事权的基础上，还要结合各级政府的特点，对尽管属于本级政府的事权，但更适合由另一级政府实施管理的事权项目，委托另一级政府代为组织管理，从而使本级政府的初始事权转化为另一级政府的亲为事权。

二、重点事权项目的调整和优化

结合现行的事权配置状况，应就以下重点事权项目进行调整和优化。

（一）国防

国防是典型的全国性公共产品，涉及国家主权利益，具有典型的正外部性和信息复杂程度低等特征。因此，本着效率原则和受益范围原则，国防应该由中央统一协调和管理，由中央政府承担相应事权。

目前地方政府还大量承担着义务兵优待金，军队转业干部安置与培训，烈属、革命伤残军人、在乡退伍红军老战士的抚恤补助，军队离退休人员所需经费，困难企业军转干部生活和医疗救助以及部分民兵训练、交通战备、国防动员、武警装备、人民防空、国防设施等领域的全部或部分经费支出，应按照受益原则将目前地方负担的国防项目全部上划中央。

（二）公共安全

公共安全是国家机器的重要组成部分，同时具有利益递减性和利益外溢性的特点。公共安全主要包括武装警察、公安、国家安全、检察、法院、司法、监狱、劳教、缉私警察等方面的项目。其中，武装警察、国家安全、检察、法院、司法、监狱、劳教、缉私警察，有全国范围的外部性，由中央政府承担相应事权和支出责任，有助于更好地满足适应性和效率性原则。而公共安全中的公安事务，虽然具有全国范围的外部性，但事务信息复杂程度高，完全由中央政府承担事权和支出责任，不符合激励相容的原则。

1. 武警部队。武警部队属于中央单位，按照部队的模式实施管理，地方政府按规定负担武警部队的官兵生活补助费，并不同程度地给予其他经费补助，应按隶属关系将武警全部划为中央事权。对于武装警察部队中的边防部队，其履行的地方公安职能，应全部划转移交地方公安部门；履行的国防职能，全部上划中央。同时，按照国际惯例，地方消防一般属于地方政府事权，应下放为市、县事权，所需经费由地方财政承担。

2. 检察院、法院。检察院、法院目前实行分级管理，对其独立办案造成一定影响。为此，应推动省以下地方法院、检察院系统人财物统一管理，与省以下地方党委政府彻底脱钩，实行省以下垂直管理，从而有效提升司法部门的独立性，确保公正审案和办案。

3. 监狱、戒毒所。我国的监狱实行中央、地方两级管理，地方监狱一般又分为省管监狱和市管监狱。监狱事权按照监狱的隶属关系由各级政府负担，但是市管监狱并非只是关押本市行政区域内的犯人，从而使监狱成为具有外溢性的公共产品。戒毒所的属性与监狱相似，具有较大范围的外部性。因此，应按照受益原则将监狱和劳教所的公共产品提供层级提高到省级，使其外部性内部化。

4. 反恐、出入境管理。公安部门中的反恐和出入境管理业务，目前由各级政府实行分级管理，经费由各级政府分别负担。考虑到反恐和出入境管理业务事关国家安全和政治稳定，有比较强的外部性和外溢性，应结合机构改革上划中央管理。

（三）教育

教育事权主要包括学前教育、义务教育、职业教育、高等教育等。各个层次的教育事务外部性、信息复杂程度不尽相同，事权划分也不相同。

1. 学前教育。学前教育具有保育和教育的双重功能。保育功能具有较强的私人性，更多地具有私人服务或私人物品性质；教育功能由于其较强的正外部性，更多地具有公共服务和公共物品性质。同时，当前的学前教育市场并非一个完全竞争的市场，而是一个层级分化的市场，因此，学前教育的事权划分首先要厘清政府与市场的职责。其中，高层次的学前教育，更接近私人产品，应该由市场提供，政府主要是在规划、政策等方面给予一定的扶持与帮助；一般层次的学前教育，其社会效益明显高于私人收益，应当由政府积极干预，并在规划、政策、资金等方面给予支持。对于应由政府负担的学前教育事权，园舍建设、困难家庭入园补贴等由市、县负责，教师工资与培训、运转费用补助等由中央、省及市、县共同承担，通过财政资金和政策的引导，加快幼儿教育公益性和普惠性进程。

2. 义务教育。按照效率原则，义务教育事权，包括义务教育阶段教师的费用、校舍的建设和维修等，应该全部划归基层政府。但考虑到义务教育是公民的一项基本权利，同时也对提高国民综合素质具有重要作用，如果将其全部配置为基层政府事权，在当前各地财力差异较大、基本公共服务均等化差距较大的情况下，势必影响各地义务教育这项公共产品的公平提供。因此，不少发达国家都对义务教育采取多层次筹资的方式给予支持。

对我国来讲，由于义务教育具有比较强的正效益外部性，对于其事权应尽可能地将中央、省的责任包含进来。为此，应在坚持义务教育由县级管理的基础上，适当上收县乡政府现阶段承担的事权责任，让中央、省在义务教育中发挥更大的作用。具体可借鉴日本，教师工资由中央和省统筹、对半开支，学校基础设施按照属地原则由市町村负担，义务教育教职工工资、学校运转公用经费、免费教科书等支出安排可上划至中央和省级政府层面；学校基础设施以及困难学生生活补助、免费校服、免费午餐等零星、分散的事权按照属地原则由县级负责，必要时上级政府给予一定的帮助。

3. 高中教育。普通高中教育的外溢效应相对高于义务教育，因此，承担普通高中教育事权的地方政府层级应当高于义务教育。普通高中的管理应由市级政府为主承担，县级为辅承担，教职工工资、学校运转公用经费等支出安排也应上划至中央和省级政府层面，学校基础设施建设按照属地原则由市、县级政府负担，上级给予一定补助。

4. 高等教育。目前，高等教育财政体制实行两级管理，部属高等院校和科研机构属于中央政府的财政事权和支出责任，省属高等院校和科研机构属于省级政府的财政事权和支出责任。从事权归属角度看，借鉴国外经验，高等教育应属中央事权；从管理效率角度看，将部分高等教育事权委托省级行使，有其科学合理性。综合权衡，可在继续实行中央、省两级管理的基础上，进一步增加中央政府对省属高校的投入，切实提高高等教育经费的保障水平。同时，改革现行的各级政府分担高校学生资助经费的资助制度，中央政府负担绝大部分财政资助经费，建立由中央政府承担主要责任的高等学校学生资助制度和科研资助制度。

5. 职业教育。职业教育包括初等职业、中专、技校、职业高中、高等职业教育等。客观地讲，职业教育中的大多数都是面向本地，外部性较弱。但职业教育中的高等职业教育，一般都面向全国、全省招生，具有比较强的外溢性，应按照高等教育的管理模式，作为省级事权，上收省级管理。

（四）科学技术

"科技是第一生产力"，科技水平的高低直接影响国家的综合实力。因此，世界上很多国家都将科技领域的事权作为中央事权，如英国、德国和美国等。参照发达国家做法，我国应将科技领域的大部分事权作为中央事权，由中央政府承担主要支出责任。特别是，对于资金投入大、直接经济效益不高或者见效慢、关系国家整体科技实力的基础研究、应用研究、重大科技项目等应作为中央事权，由中央政府承担支出责任。但对于地方自行组织实施的科研项目以及科学技术普及、科技条件和服务等应作为地方事权，由地方政府承担支出责任。

（五）文化、旅游和体育

成熟市场经济国家一般将文化、旅游和体育作为地方政府事权，由地方政府承担支出责任，如英国、德国以及日本。参照国外经验做法，我国文化、旅游和体育的大部分事项应作为地方事权，由地方政府承担主要支出责任。但对于国家级或重大的文化体育项目和活动，包括国家重点文物发掘、保护，以及国家级图书馆、博物馆、国际级体育赛事、全国性的文化活动等，应作为中央事权，由中央政府承担支出责任。

（六）社会保障

社会保障是最典型的公共产品，也是地方政府重要的事权项目，涵盖人力资源管理、民政事务、各类基金的筹集与管理等。现行的社会保障事权划分中存在的主要问题是，个别事权的层级太低，应予以调整和提升层次。

1. 养老保险。将养老保险基金的社会统筹层次上升到全国统筹，由中央政府统一实施对全国养老保险基金的全面管理，具体承担养老保险基金政策法规、基金征缴、社会化发放、投资运营等事权。

2. 失业保险。将失业保险的统筹层次上升到省级统筹，将医疗保险明确为地市级政府事权，将工伤和生育保险事权明确为县级事权，省、市、县三级政府分别实施对失业保险基金、医疗保险基金以及工伤和生育保险基金的管理，具体承担实施细则、基金征缴、社会化发放、投资运营和补偿等事权。

3. 义务兵优待、退役士兵安置等。将义务兵优待、退役士兵安置、军队离退休干部医疗费等确定为中央事权，无论是义务兵、退役士兵还是军休干部，从事的都是属于中央事权范围的国防保卫事务，与国防有关的费用或支出项目，也应作为中央事权由中央承担。

（七）医疗卫生和计划生育

医疗卫生和计划生育包括医院、基层医疗卫生机构、公共卫生、医疗保障、计划生育等。医疗保障在多数国家为各级政府的共同事务，但以地方政府为负担主体。

一方面，要将传染病防治、免疫、妇女儿童健康保健等将具有很强的外溢性的重大公共卫生项目纳入中央和省级保障范畴，统一由中央和省级财政负责提供。其中，关系到全民健康和整体人口素质的公共卫生服务（如儿童和成人疫苗接种）、类似SARS这样的大面积急性传染疾病或艾滋病这样的高危传染病防治，应划归中央事权范围；危害严重的地方性疾病和传染病，如麻风病、甲状腺疾病、地区多发的疾病等，可作为省级事权，中央给予支持。

另一方面，要将与计划生育有关项目，以及因计划生育引发的一些费用（如失独家庭补助等），全部纳入中央事权。这些项目或费用是由国家统一出台的政策所引发，自然应该作为中央事权管理。

（八）环境保护

环境保护包括污染防治、自然生态保护以及环境监测检查等。从市场经济成熟国家情况来看，一些国家将环境保护作为中央事权，如英国和美国等；还有一些国家将环境保护作为地方事权，如德国和法国等；此外，俄罗斯虽然在法律上将环境保护界定为联邦政府的事权，但实际执行中却是作为联邦与地方的共同事权。

考虑到环境保护的外部性非常明显，再加上环境保护与我国地方政府发展经济的目标存在冲突，因此，我国应将环境保护作为中央与地方共同事权，并由中央承担主要支出责任。其中，地方政府主要负责辖区内污水、垃圾以及固体废弃物等的处理，而对于跨省区的江河湖泊、大气污染防治、自然生态保护等，由于其外部性强，应主要由中央政府承担支出责任。

（九）农业发展

农业是国民经济的基础，是经济发展的基础。我国人口多、耕地少，农业发展尤为重要。因此，应将关系全国农业长远发展、受益范围具有全国性、影响范围广、建设周期长、投资建设任务重、涉及农业基础地位的事务作为中央事权，由中央政府承担支出责任。

具体应将跨区域的大型灌区等重大农业基础设施，粮食主产区、主产县利益补偿，涉农补贴，重要产品或跨省域农业结构调，战略或重要农产品市场体系建设，农产品质量安全标准制定，跨区域质量安全案件查处，农产品基础研究、重大农业新产品培育，全国性重大动物疫病防控，涉农国际规则的制定与贸易谈判等由中央承担支出责任。既涉及全国性，又需要地方政府积极参与或承担的公共工程、基础设施、公益性投资项目，由中央和地方共同承担，如农村道路建设、农村人畜饮水等。对于受益范围是地方的公共产品或服务，事权和支出责任应归属地方政府，如农业行业管理等。

（十）基础设施

基础设施建设地域性比较强，主要根据收益范围原则进行事权划分。其中，全国或跨区域的重大交通、水利、能源、通信设施以及基础测绘等应属于中央事权，由中央政府承担支出责任；城市道路、防洪、给排水、供电等属于地方事权，由地方政府承担支出责任（见表5-1）。

表 5–1　　　　　我国政府部分主要事权划分的初步设想

项目	中央	省	市、县
社会保障	养老保险，重特大自然灾害和事故救助	失业保险，居民福利保健政策制定、区域性重大灾害与事故救助	医疗保险，工伤和生育保险，最低生活保障，社会救助，居民福利保健政策实施与日常管理
教育	制定全国义务教育最低经费标准，义务教育公用经费、校舍建设和改造补助，全国重点高校经费	义务教育教师工资、校舍建设维护补助，地方高校经费，职业教育经费	义务教育学校日常管理、教师工资以及校舍维护，幼儿教育经费，高中教育经费
公共卫生	制定全国的公共卫生相关标准，全国性的重大疫病和传染病防治	公共卫生服务资源布局及建设补助，地方性重大疫病和传染病防治	公共卫生政策实施，医疗机构建设与运转，社区和农村卫生服务，计划生育
外事侨务	外交、侨务、港澳台事务		侨民管理
安全防务	国防、司法、武装警察、国家安全、出入境管理、反恐、禁毒、海关、出入境检验检疫	公安、检察、法院、司法、监狱、戒毒	公安、检察、法院、司法（普法、法律援助、仲裁）、警察、消防
交通设施	全国性跨区重大公路建设，跨区水路管理，铁道建设管理，航空管制	国省道建设、管理，地区性水路管理维护	县乡公路建设养护
城乡设施			城乡基础设施（道路、路灯、给排水、污水处理等）建设管理维护
经济活动	宏观经济调控，全国经济发展战略规划，协调地区间经济发展，货币金融监管	区域性经济结构调整，区域性经济发展规划，协调县、市间经济发展	执行上级既定的经济政策，促进市、县经济社会协调发展
资源环境	大江大河治理与全流域国土整合、全国性环保重点项目、海洋环境监测	区域性河流治理与国土整治、环境改善	日常环境监测、报告

第四节 规范政府间的支出责任划分

在明晰事权的基础上，要研究确定支出责任的划分原则和依据，并以此划清各级的支出责任，制定完整的支出责任清单。同时，还要建立健全支出责任激励机制，确保支出责任落实到位。

一、明确支出责任划分的基本原则

政府间财政支出责任划分，即支出责任在政府间的纵向配置，核心是正确解决各层级政府之间合理分担整个国家机构向社会公众提供公共物品和公共服务的总成本问题。表面上看来，政府间财政支出责任划分是一件很容易的事情，但考虑公共物品的层次性，效益的外溢性和提供的效率性、公平性、民主性等因素时，公共经济责权在各级政府之间的实际配置就会变得相当复杂。因此，划分政府间支出责任应遵循以下原则（齐守印，2013；山西省财政厅，2014）。

（一）支出责任划分与政府事权配置相适应

支出责任是"事"与"财"的结合，是财力与事权之间不可或缺的桥梁，因此，支出责任必须与事权相适应[①]。政府间财政支出责任纵向配置与公共经济责权的纵向配置格局总体上应该一致。原则上讲，哪一级政权机构拥有提供某种公共物品的责任和权力，就为这种公共物品的生产提供成本资金，即拥有财政支出责任。但是，由于某些公共物品存在效益外溢性以及政府兼顾效率与公平目标的需要，许多事权配置于多层级政府，这时就需要合理确定每一层级政府应承担的支出责任，把支出的决策、执行、管理以及监督等责任分别优化配置于各级政府。

（二）支出责任划分与辖区居民受益相衔接

财政支出在某种程度上代表辖区居民所费，而公共物品的提供代表辖区居民所得。因此，支出责任划分应能够有效促进区域公共品提供，比较好地满足

[①] 刘尚希. 基于国家治理的新一轮财政改革 [J]. 前线，2013 (12).

居民的偏好。奥兹（Oates）的"分散原理"认为："各项公共服务应由如下级别政府提供：该级政府能够使提供上述公共服务的收益和成本内部化所需的地理区域最小化。"① 根据奥兹的理论，支出责任与管理职能应由级别较低的政府完成，除非能够证明将该项职能划分给较高级别的政府更加有利。也就是说，按照与辖区居民受益相衔接的原则，直接财政支出责任应当尽可能配置于最接近纳税人的那一级地方政府，这样才能满足辖区居民偏好，调动公民参与公共经济决策和监督，提高配置的效率。

（三）支出责任划分与外溢成本补偿相联系

"分散原理"与"受益原则"要求，区域性公共产品应根据受益范围尽可能由较低级别的政府来承担公共产品和服务的支出责任。但公共产品的"下放"和"分散"也不是越低越好，许多区域性公共品，诸如教育、医疗卫生和社会保障等涉及民生的公共品具有比较强的正效益外部性。当政府辖区范围小于公共品及服务受益面时，地方政府提供的公共品及服务容易产生大量溢出收益，此时规模小的政府无法使溢出收益充分内部化，这时应由上级政府直至中央政府共同承担公共产品的支出责任。也就是说，支出责任划分应充分考虑公共品外溢补偿成本。在受益外溢的情况下，上级政府给予下级政府适当的成本补偿，可以实现公共产品提供数量和质量上的最优化。

（四）支出责任划分与收入筹集能力相匹配

政府支出责任的确定必须考虑其筹资能力，量力而行，尤其是非基本公共品支出责任的确定。当某级政府的筹资能力受当地的经济发展和居民收入水平的限制，无法完全履行其财政支出责任时，如果需要提供的是非基本公共物品，则可以量力而行，提供低于相邻地区水平的公共物品；如果涉及与公民基本生存与发展权利相关的公共物品，则需要上级政府弥补为提供标准公共物品所需要的财力缺口，以实现财政均等化目标。

二、制定支出责任划分清单

事权划分确定后，支出责任的划分就相对容易。我们应首先从资金筹措的

---

① （亚洲开发银行）斯基亚沃－坎波，（亚洲开发银行）托马西. 公共支出管理［M］. 张通译. 北京：中国财政经济出版社，2000：120.

角度，对照初始事权逐项确定筹资责任，再根据初始事权的委托情况，明确事权的支付责任。其中，筹资责任应该与初始事权相适应，支付责任应该与亲为事权相适应。具体可按以下几种方式对支出责任进行明确和划分。

一是纯中央、纯省、纯市县的事权，应分别明确为中央、省和市县的筹资责任。

二是对于混合事权，如果可以进一步细分为若干小项事权并明确到相关政府，则可以根据细分后的小项事权归属明确筹资责任归属；如果无法细分或不宜细分，则根据相关政府对该项事权的权责大小，通过划分比例的方式确定各方的筹资责任。

三是在根据初始事权明确筹资责任后，还要根据初始事权的委托情况，明确各级政府的支付责任。其中，某级政府自行履行应由本级承担的事权，筹资责任和支付责任均指向本级政府；将初始事权委托其他级次政府，则筹资责任仍然指向委托政府，而支付责任指向受托政府。目前中央对地方的民生项目补助，一般都规定了中央与地方的负担比例，这种比例实际上就是根据中央与地方对民生事权项目的责权大小，而确定的筹资责任。中央将其负担的资金通过转移支付补助地方，实际上就是将其初始事权委托地方，从而变成地方的亲为事权，地方同时获得支付责任。部分主要支出责任调整情况见表5-2。

表5-2　　　　　　　　部分支出责任调整情况表

事权项目	现行事权划分				支出责任调整建议							
					筹资责任				支付责任			
	中央	省	市	县	中央	省	市	县	中央	省	市	县
一、一般公共服务支出												
纪检监察事务	√	√	√	√	√	√			√	√		
食品药品监督管理												
全国销售的食品、药品	√	√	√	√	√				√			
区域销售的食品、药品	√	√	√	√		√	√	√		√	√	√
港澳台侨事务	√	√			√				√			
海关、国税、进出口商品检验检疫	√	√	√		√				√			
二、国防事务												
现役部队	√	√	√	√	√				√			

续表

事权项目	现行事权划分				支出责任调整建议							
					筹资责任				支付责任			
	中央	省	市	县	中央	省	市	县	中央	省	市	县
国防动员	√	√	√	√	√				√			
三、公共安全事务												
武装警察（不含消防）	√	√	√	√	√				√			
消防	√	√	√	√		√	√				√	√
检察院、法院	√	√	√	√	√				√			
监狱、戒毒	√	√	√	√	√				√			
四、教育支出												
学前教育												
人员和公用经费			√		√							√
基础设施建设			√				√					√
义务教育												
人员和公用经费			√		√							√
基础设施建设			√				√					√
高中教育												
人员和公用经费		√	√		√					√		
基础设施建设			√							√		
职业教育												
高等职业教育		√			√				√			
其他职业教育			√				√		√			
五、社会保障和就业												
养老保险			√	√	√				√			
失业保险			√	√		√				√		
医疗保险			√	√				√		√		
工伤和计划生育保险			√					√				√
义务兵优待、退役士兵安置、军队离退休干部医疗	√	√			√							√
六、医疗卫生												
重大传染病防治、免疫、妇女儿童健康保健			√	√			√			√	√	√
地方性疾病和传染病			√	√			√			√	√	√

续表

事权项目	现行事权划分				支出责任调整建议							
					筹资责任				支付责任			
	中央	省	市	县	中央	省	市	县	中央	省	市	县
计划生育	√	√	√		√							√
七、国土海洋气象等事务												
气象事务	√	√			√				√	√		
地震事务	√	√	√		√				√	√		
八、环境保护												
污水、垃圾、固体废弃物处理		√	√			√	√				√	√
跨省区的江河湖泊、大气污染防治、自然生态保护		√			√				√			
九、基础设施												
城市道路、防洪、给排水、供电等		√	√			√	√				√	√
全国或跨区域的重大交通、水利、能源、通信设施以及基础测绘	√	√	√		√							

三、建立健全支出责任履行激励机制

明确各级政府的财政支出责任划分后,还要建立健全有效的支出责任激励机制,明确各支出责任主体的具体权利与义务,对支出责任履行情况进行监督和评价,确保各项支出责任落实到位。

一是要建立支出责任履行的评价机制,在明确支出责任履行的基本目标和要求的前提下,充分考虑支出责任履行的各种情况,科学评价、全面衡量各级政府支出责任履行情况。

二是要完善财政支出责任的监督机制,及时发现和纠正支出责任履行中的偏差,保证各级政府能够按照事权划分的基本格局和财政支出责任目标有效履行其支出责任。

三是建立政府支出责任、自主收入和转移支付的均衡机制,改变目前的收

入层层上移,而支出责任层层下移所导致的地方财政,尤其是困难地区地方财政捉襟见肘的情况。逐步构建财政支出责任与收入筹集均衡机制,形成政府间事权与支出责任的良性博弈机制,实现政府间事权与支出责任的"激励相容"。

第五节　进一步完善和理顺政府间收入划分

事权与支出责任划分清楚以后,随之而来的问题就是要进一步完善政府间收入划分,从而为事权和支出责任提供直接的资金支持和保障。政府间收入如何划分,取决于各自承担多少支出责任,只有"钱"与"事""财"与"责"相匹配,各级政府才能更好地履行职责。当前,应根据税种属性及其经济调节功能,充分考虑事权和支出责任划分状况、地区间财力差异程度等因素,合理划分政府间收入。其中,中央财政集中的收入,既要保证中央履行职能和支出责任的需要,还要有利于有效实施宏观调控和促进基本公共服务均等化。地方集中的收入,要具有稳定可持续的来源,但不得对生产和流通环节课税,以保证市场统一。

一、建立中央、省与市分税,市与县分成的财政体制模式

构建中央、省与市分税,市与县分成的财政体制模式,主要基于三方面考虑:一是在大多数地区,县级政府的经济基础薄弱,财源结构比较单一,如果从中央到县(乡)普遍实行分税制财政体制,那么在目前分税制财政体制尚不稳定的情况下,县乡在财政体制改革中所受的震动和影响也要大得多。二是同中央、省与地市相比,县乡在税收管理的能力和水平上均有比较大的差距,无法满足分税制体制的需要。三是税种少与财政级次多的矛盾导致越往基层越无税可分,在一个五级政府的架构中实现分税制具有相当的难度。因此,可以考虑在中央、省、市之间实行规范的"分税制"财政体制,而在市与县市区之间实行"总额分成"或"分类分成"的"分成制"体制模式,通过市与县财力的整合,达到"共担风险、水涨船高"的目标。事实上,目前在很多省份,无论是市与县,还是省与市,都已经在转向分成制的财政体制;即便是现行的中央与地方财政体制,分税的特征也是正在逐步减弱,而分成的特点却越

来越明显。

"分税制＋分成制"的体制模式，一方面有助于按照规范的财政分权理论及市场经济国家"分税制"的经验做法，在我国构建各自独立、相互衔接、互为补充的中央税和地方税体系，真正实现收入划分方式由目前的"划分税种"向"划分税制"转变。另一方面，也能够增加财政体制的可操作性，规范财政收入的征收管理，减少级次间收入混库现象的发生。更为重要的是，"分税分成"模式使我国在一个"五级"政府框架下实现了具有"三级"（中央、省、地方）政府分税制特征的财政体制，这无疑是一种财政体制的制度创新。

二、加快推进地方税体系建设

地方税体系是财政制度的重要内容。健全的地方税体系对保障和规范地方财政收入，提升地方政府公共服务能力，促进经济社会协调发展具有重要意义。自新中国成立到1994年分税制改革前，我国先后实施了高度集中统收统支、财政包干分灶吃饭等财政体制，没有形成地方税体系。1994年，为适应建立社会主义市场经济体制的需要，国家实施了税制改革和分税制财政管理体制改革，初步建立了地方税体系。2016年地方税收入为3.18万亿元，比1994年增长了21.7倍，年均增长15.2%。

随着经济发展进入新常态和深化税制改革特别是"营改增"全面推开，地方税体系也显现出某些与进一步推动发展方式转变不相适应的问题：

一是地方税种结构不尽合理。现行地方税税制总体上偏重生产环节和流通环节，财产保有环节和消费环节税种不健全，不能适应产业结构优化和消费结构升级的需要，不利于引导地方政府加强公共服务、优化居住和消费环境。

二是地方税收入比重偏低。地方税各税种收入规模偏小，主体税种缺失，缺乏增长潜力，组织收入能力弱化，使地方财政更加依赖增值税等共享收入，更加依赖非税收入，不利于引导地方政府发挥比较优势培育本地税源。

三是税权配置不尽合理。地方税税权基本集中在中央，地方权限不清晰，不利于地方政府因地制宜、科学施策调节地区经济运行，也引发一些越权减免税等地区间的不当税收竞争。

四是征管手段有待完善。地方税税收征管科学化、信息化水平尚待全面提升,涉税信息聚合共享机制有待完善。未来两至三年是我国税制改革和税收立法的高峰期,也是统筹推进完善地方税体系的关键期,要坚持问题导向,积极稳妥地推进健全地方税体系改革。

健全地方税体系改革与税制改革、财政体制改革密切相关,需要统筹协调、周密安排、稳步推进。考虑到房地产税等主要地方税种发挥作用需要一个过程,近期,应以平转和完善现有地方税种为主,适当增加地方税种,加快税收立法,合理配置税权,为培育地方主体税种打下基础;中远期,拓宽税基,逐步确立地方主体税种,在此基础上进一步优化税制结构,简并环节重复、功能相近、过渡性的地方税种,统筹推进非税收入立法与改革,适当下放非税收入管理权限。具体采取以下措施。

(一) 完善地方税税制结构

1. 稳步推进房地产税立法与改革。按照"立法先行、充分授权、分步推进"的工作思路,有序推进房地产税立法与改革,合并现行房产税和城镇土地使用税。对工商业房地产,总体税负平移;对个人住房,授权各省、自治区、直辖市决定具体开征时间及实施步骤,在税法规定的幅度内确定具体适用税率,制定税收优惠政策,逐步实现全国普遍征税。在房地产税开征的同时,相应降低建设环节、交易环节税费负担。房地产税税基稳定、税源丰富、成长性强,与基层政府公共服务密切相关,未来具有成为市县政府主体税种的潜力。

2. 适时推进消费税改革。消费活动的区域性和受益性比较强,将消费税中部分税目由中央收入改为地方收入,有利于引导地方政府改善消费环境,优化经济结构。在目前征管条件下,可将部分规模较大且具有一定收入成长性的消费税品目逐步由生产环节征收向零售环节转移,设立地方税目,作为地方收入。具体改革事项包括:

(1) 结合消费税改革和立法,将"小汽车""酒""贵重首饰和珠宝玉石"税目统一在零售环节征收,收入归地方。

(2) 结合征管条件,在"汽油""柴油"零售环节增加一道消费税,也可以考虑将生产环节的一部分存量税收转到批发或者零售环节;实行从量征收,收入归地方。

(3) 将"卷烟"批发环节收入划归地方。

（4）授权地方根据本地资源、环境承载或者消费特征在消费环节开征其他品目消费税。

3. 深化资源税改革。全面实施矿产资源税从价计征改革，理顺税费关系，清理相关收费。授权地方对森林、草场、滩涂等自然资源开征资源税。我国资源主要分布在欠发达地区，资源税继续作为地方税，有利于提高欠发达地区财政自给水平。

4. 实现契税等地方税种平转立法。契税、土地增值税、耕地占用税、烟叶税、印花税等税种属地性较强，地方政府信息掌握更加便利，宜继续作为地方税。近期，按照税制平转、税负平移的原则，尽快由现行税收暂行条例上升为法律。中远期，缩小部分税种的征税范围，将土地增值税、烟叶税并入其他税种。

（二）增强地方税收入能力

1. 培育地方附加税。目前，按纳税人缴纳的增值税、消费税税额的一定比例征收的城市维护建设税等税费，实际是一种附加税，专项用于城镇建设等事业。

近期，结合城市维护建设税立法，将其改为地方附加税，基本延续现行征收办法，收入由地方财政统筹安排。

中远期，适时扩大税基，增加收入规模，具体可考虑：（1）对进口环节增值税、消费税征收地方附加税。（2）在进一步完善教育投入保障机制的基础上，将教育费附加和地方教育附加并入地方附加税。（3）根据其他税种改革的情况，在税负总体不变或略有下降的原则下，适时在其他共享税税额上征收地方附加税。改革全部到位后，地方附加税具备成长为主体税种的潜力。

2. 将车辆购置税划为地方税。车辆购置税税基较为稳定，在购置环节征收，属地性较强，应将其由中央税划为地方税种，并取消专项用于国家公路建设的规定。中远期，将车辆购置税和汽车消费税合并。

（三）扩大地方税权

我国地域辽阔，地区间资源禀赋和经济发展水平差异较大，各地税源结构也有所不同。应在中央统一立法和税种开征权的前提下，根据税种特点，通过各税种立法授权，适当扩大不同层级地方政府的税收管理权限。

1. 扩大省级税收管理权。省级人大可以制定地方税税法实施细则，根据本地经济社会发展实际和发展需要，确定地方税税率幅度或者具体税率、税收优惠政策，以及对本地特色税源开征新税目。

2. 赋予市县一定税收管理权。市县一级贴近基层提供公共服务，对部分地域性特点突出、受益性强的税种，可赋予市县部分税权，主要包括具体适用税率确定权及部分税收减免权。

（四）加强地方税征收管理

一是全面做好社会保险基金、行政事业性收费、政府性基金等非税收入项目征管体制调整工作，充分发挥税务部门征管优势。

二是为适应健全地方税体系要求，加快税收征管法修订，完善征管法律制度。

三是转变征收管理方式，完善征管手段，对纳税人实施分类分级管理，建立自然人税收管理体系。

四是加快税收信息系统建设，提高征管效能和纳税服务水平；加快推进涉税信息共享，建立统一规范的信息交换平台和信息共享机制。

（五）统筹推进政府非税收入改革

地方政府非税收入是其财政收入的重要组成部分。按照特定主体受益者负担原则和非普遍性公共服务成本补偿原则，征收或收取国有资源（资产）有偿使用收入、特许经营收入、行政事业性收费和政府性基金等，是实现有效政府治理的重要手段，有利于体现社会公平、正义，有利于促进资源高效利用、收益共享，有利于持续提升政府公共服务水平。我国是公有制为主体的国家，自然资源、公共资源、国有资产规模巨大，公平合理利用，可以充分体现社会主义制度的优越性。目前在非税收入管理方面仍然存在着制度建设滞后、资源市场化配置程度不高、收入管理不规范等突出问题。下一步要坚持问题导向，统筹推进政府非税收入改革。

一是加快推进非税收入立法进程，研究制定政府非税收入管理条例。

二是深入推进清理收费改革，随着政府提供普遍公共服务能力的提高，已经具备的一定条件可以取消部分收费基金项目，降低征收标准，减轻社会负担。

三是继续推进税费改革，逐步将具有税收性质的收费基金并入相应的税收，或者通过开征新的特定目的税将部分收费基金转为税收。

四是规范自然资源、公共资源、特许经营权有偿出让制度，推进资源配置市场化，进一步破除各种形式的行政垄断。

五是针对大部分准公共产品和服务由地方提供，在规范管理、严格监督的前提下，适当下放部分非税收入管理权限，可不局限于中央和省两级，发挥地方比较优势。

三、进一步调整政府间的收入分配结构

目前导致地方政府间财力与事权难以有效匹配的一个重要原因就是在事权责任不断下移的同时，收入和财力却在不断向上集中，地方政府的财力难以满足所担负的事权责任。因此应通过对税种分享方式和分享比例的调整，进一步增加地方政府收入和财力的规模。

尽管与有关国家相比，我国的财政收入集中程度还不够高，但对于一个拥有13亿多人口、具有五级政府的大国，我国的国情特殊，且政府间事权的配置与国外相比也有很大差异，因此不能与国外进行简单的类比。分析表明，在财政集权与财政分权的两极之间，我国更多地靠近于集权一端。下一步应结合事权的调整，在确保中央宏观调控所必需财力的基础上，逐步提高地方政府在政府总收入中的比重，为地方政府提供公共产品和服务给予充足的财力保障。同时，要寻求省级集中财力的最优规模，使之既能基本满足省级政府对全省的宏观调控需要，又不会影响市、县财政经济的发展活力。

营业税改征增值税于2016年5月1日起全面推开。按照党的十八届三中全会关于"保持现有中央和地方财力格局总体稳定，结合税制改革，考虑税种属性，进一步理顺中央和地方收入划分"的要求，同时考虑到税制改革未完全到位，推进中央与地方事权和支出责任划分改革还有一个过程。国务院决定，制定全面推开"营改增"试点后调整中央与地方增值税收入划分的过渡方案。过渡方案的主要内容就是，以2014年为基期核定中央返还和地方上缴基数，所有行业企业缴纳的增值税均纳入中央和地方共享范围，其中，中央分享增值税的50%，地方按税收缴纳地分享增值税的50%。过渡期暂定2—3年，届时根据中央与地方事权和支出责任划分、地方税体系建设等改革进展情况，研究是否适当调整。据了解，过渡方案实施以来，财政部一直在研究过渡期后的收入划分方案。笔者认为，在开征房地产税并划为地方收入，部分消费

税改变征收环节并划为地方收入，车辆购置税划为地方收入，城市维护建设税和教育费附加、地方教育费附加合并为地方附加税并继续作为地方收入后，可以根据情况适当提高增值税的中央分享比例。但总体上要在保持中央与地方财力格局总体稳定的前提下，体现出向地方倾斜、向地方让利的导向，进一步扩大地方收入规模和地方收入占比，切实增强地方政府的保障能力。

四、继续完善地方政府融资举债机制

2014年修订的《预算法》以及《国务院关于加强地方政府性债务管理的意见》（国发〔2014〕43号），赋予地方政府依法适度举债权限，建立规范的地方政府举债融资机制，从而开创了我国地方政府债务管理和融资工作的新篇章。按照《预算法》及43号文件的规定，经国务院批准，省、自治区、直辖市政府可以适度举借债务，市县级政府确需举借债务的由省、自治区、直辖市政府代为举借；明确划清政府与企业界限，政府债务只能通过政府及其部门举借，不得通过企事业单位等举借；地方政府举债采取政府债券方式，没有收益的公益性事业发展确需政府举借一般债务的，由地方政府发行一般债券融资，主要以一般公共预算收入偿还，有一定收益的公益性事业发展确需政府举借专项债务的，由地方政府通过发行专项债券融资，以对应的政府性基金或专项收入偿还。债务管理和融资新政的出台，承认了地方政府的融资举债权，对于建立规范的地方政府融资举债机制具有重要作用。

（一）债务管理存在的问题

从改革以来的运作情况看，主要还存在新增债券额度不够、发行机制不够灵活、专项债券与一般债券区分不够明显等问题。主要表现在以下方面。

1. 债券分配发行进度比较慢。

按照《预算法》的规定，"省、自治区、直辖市依照国务院下达的限额举借的债务，列入本级预算调整方案，报本级人民代表大会常务委员会批准"。这就表明，在地方各级编制预算的时候，各地政府债券的额度尚未得到国务院的批准。地方收到中央核定的债券限额时，只能编制预算调整方案并向本级人大常委会报告。受这种债券核定模式的影响，地方各级财政部门收到债券限额，提出分配方案，确定具体项目，并层层向党委、政府和人大报告后，往往就到了下半年。再加上专项债券需要提供和披露的信息较多，债券发行的环节又比较繁杂，资金到位更为滞后，严重影响了债券资金效益。

2. 债券结构有待进一步优化。目前我国的专项债券包括普通专项债券、土地储备专项债券、收费公路专项债券、棚户区改造专项债券以及其他项目收益与融资自求平衡专项债券等。财政部在核定各省区市专项债券限额时，根据各省区市相关工作和任务情况，在核定各地专项债券总限额的基础上，直接确定了土储、棚改、收费公路等各类专项债券的额度。这些分类额度层层分解到市、县后，可能并不完全符合市、县政府的真正需求。按照现行的规定，市、县政府如果需要调整债券用途，还需要层层向上申请报批，待中央财政层层批复下来，又需要一个比较长的周期。

3. 新增债券限额与地方实际需求差距较大。新《预算法》及国发〔2014〕43号文件颁布实施以来，地方政府债券就成为地方政府的主要资金来源。分年度看，2009—2011年，全国人大每年批准的地方政府债券额度均为2000亿元，2012年2500亿元，2013年3500亿元，2014年4000亿元，2015年6000亿元，2016年1.18万亿元，2017年1.63万亿元，2018年2.18万亿元，总体呈现出逐年快速增长的态势，有力促进了地方经济社会发展。尽管如此，上级核定的地方政府债券额度与各地的实际融资需求相比仍有较大差距，地方仍然存在比较强的借道平台公司融资的冲动。

4. 部门沟通衔接机制不顺畅。按照现行的债务管理体制，各级财政部门被明确为地方政府性债务归口管理部门。尽管财政部门负责对地方政府债务实施统一管理，但债务与项目直接相关，债务的管理、债券的发行离不开项目主管部门协调配合。而在实际工作中，部分项目主管部门认为，项目资金来源的选择与确定是财政部门自己的事情，与主管部门和项目管理无关，特别是如果使用债券资金还要经常接受财政部（专员办）的检查，大大增加了审计风险，因此对专项债券的发行有一定的应付心理甚至抵触情绪。比如，《地方政府土地储备专项债券管理办法（试行）》以及《试点发行地方政府棚户区改造专项债券管理办法》都明确规定，相关的主管部门应当建立专项债券项目库，但有些地方项目库建设滞后，在项目遴选的基础工作中扯皮推诿，一定程度上也影响了债券发行进度。

5. 专项债券投资结构较为单一。目前，地方政府债券的投资者主要是银行，个人和其他机构投资者参与较少。比如，山东省地方政府专项债券80%

以上由四大国有银行持有。专项债券作为地方政府债的一种，其收益率高于国债等产品，而风险程度较低，违约的可能性很小，对个人投资者有较大的吸引力。而在现行的债券发行和流通体制下，个人投资者对地方政府债券还不是特别熟悉，个人投资者参与一级市场认购的门槛还比较高。另外，根据《商业银行资本管理办法（试行）》的规定，商业银行投资国债、政策性金融债的风险权重为0，而投资地方政府债的风险权重为20%，也影响了银行投资专项债券的积极性。

（二）完善债务管理的措施

针对当前地方政府债务管理和债券发行过程中存在的问题，今后应从以下几个方面创新机制，加强管理。

1. 要进一步增加新增债券额度。尽管近几年来地方政府新增债券资金规模呈逐年增长趋势，但仍然难以满足地方政府的融资需求。同时，尽管不少地方通过PPP、政府购买服务等方式，拓宽了融资渠道，但实际上政府的综合融资成本还是要远高于同期银行贷款利率，更高于政府债券利率，政府的投入还是大大增加了。为此，应进一步增加地方政府债务限额，加大地方政府新增债券的发行力度，有效缓解地方政府的融资压力。

2. 提前批复下达地方政府债券限额。地方政府债务限额由每年3月份的全国两会结束后再分配下达，改为提前一年分配下达。具体方式为：每年3月份全国人民代表大会审议确定第二年的债务限额（可从紧控制），同时根据当前的经济形势和宏观调控需要，对上一年确定的当年债务限额进行调整和修正（正常情况下应该是不动或调增，尽量避免调减）。在这种模式下，既增加了债务限额的确定性，使地方政府能够提前了解自己第二年的债务限额，并将其编入本级预算，结合项目需要合理安排使用；又提高了债务限额的灵活性，每年3月份可对当年的债务限额进行适当调整和优化，更好地体现宏观调控需要。

3. 建立"两上两下"的限额核定方式。"一上"是指，每年首先由地方政府逐级向上申报本地新增债务限额。"一下"是指，上级政府根据下级政府的需求，统筹考虑债务总限额、下级政府的债务风险管控、重点工作和重点任务开展等情况，核定下级政府的债务限额。"二上"是指，在上级政府核定的限额内，下级政府根据本地的各类项目资金需求情况，提出债务限额内的各类专项债券的分解额度，报上级政府审批。"二下"是指，上级政府根据下级政府分解分配情况，统筹考虑相关重点工作和重点任务推进需要，最终确定下级政府的债务限额及专项债券分类限额。

4. 打造科学规范的真正的专项债券。地方政府债券分为一般债券和专项债券。这种分类方式虽然有助于明确地方政府债务的性质、偿债资金来源与偿债责任，也符合国际上的一些通行做法，但总体比较，除了专项债券要做信用评级，所需还款资金是政府性基金收入而不是一般公共预算以外，其他方面基本没有大的差别。从国际通行经验做法看，专项债券应以项目为载体，主要应以项目本身的各项收入作为还款来源，其还款来源具有不确定性，因而是有一定风险的，也正因如此，专项债券的收益率要适当高于一般债券。借鉴外国经验做法，建议进一步厘清一般债券和专项债券的特征，将现有的专项债券品种全部改造成规范的项目收益与融资自求平衡的专项债券（即所谓项目收益债），将专项债券的收益、成本与风险全部内部化，从而构建一般债券和专项债券合理分工、区别定位的政府债券体系，最大限度地发挥好一般债券和专项债券的各自优势和特点。

5. 债务限额实行中央和市场双重管控。将专项债券全部打造成收益、成本、风险内部化的项目收益债后，建议一般债券限额由中央根据各地的一般公共预算财力规模进行核定，专项债券限额由地方政府根据项目需求和项目收益、成本等相关情况统筹提出，由市场按照"以脚投票"的原则确定，中央政府只监管、不审批。通过地方政府与市场的有效结合，既满足了地方政府的融资需求，又通过市场对地方政府的融资额度、资金管理和融资风险进行了全面的管控。

6. 促进投资主体多元化。目前购买地方政府专项债券的主体是银行，投资群体的同质和单一决定了流动性难以有显著改善。而交易所发行和证券公司的参与将带来更多的境内外交易性机构与个人参与认购，不但有助于提高投资者的多元化水平，也有助于提高地方政府专项债券的二级市场流动性。因此，应逐步消除银行间市场和交易所之间的制度壁垒，建立统一、完备、高效、流动性强的二级市场，吸引更多投资者进入二级市场交易，促进一级市场和二级市场的协调发展。建议设计和出台地方政府专项债发行和投资的便利政策，提高地方债吸引力，引导证券、基金等更多非银机构以及个人投资和交易地方债。同时，建议参照国债的标准，将商业银行投资地方政府债券的风险权重由20%调整为0。这不仅能够进一步调动银行购买地方政府债券的积极性，也能够释放大量银行资本金，稳定和改善银行体系流动性。

7. 要进一步提升债券发行的灵活性。从债券发行来看，政府债券发行工作的制约因素较多，各省同时发行对债券市场的冲击比较大，这就导致发行时间还不够灵活，批次还不够多。从债券资金使用来看，新增债券同时集中到位，受工程进度限制，很难在短时间内拨付到位，大大增加了资金沉淀。为此，要尽可能地增强债券发行的灵活性，进一步增加债券发行批次，建立债券发行的常态化机制，最大限度地发挥债券资金的使用效益。

8. 加强地方党委政府对债务管理的统一领导。尽管财政部门是地方政府性债务的归口管理部门，但债务管理绝不是财政部门自己的事，而是地方党委、政府的分内之事。各级党政主要负责同志作为本地区政府债务管理的第一责任人，要对本地区政府债务管理及风险防控工作负总责。要充分发挥各地设立的政府性债务管理领导小组的作用，加快构建包括发改、财政及各项目主管部门在内的债券项目储备发行协调机制，加快专项债券发行前期准备工作，及早发挥出债券资金对稳投资、扩内需、补短板的积极作用。

第六节　改进转移支付体系

一、合理确定转移支付的规模与比重

地方政府的收入可以分为自有收入和上级补助收入。如果转移支付占地方政府收入的比重过大，转移支付的链条过长，则既不利于提高财政资金的使用效益，也会弱化地方公共产品供给与地方政府税收收入之间的成本收益关联，从而导致对地方政府的软约束。笔者一直认为并在各种场合多次强调，在任何情况下自有收入体系的建立和完善都要优先于转移支付体系。当大范围、大规模地出现政府间财力与事权不匹配的问题时，应该着眼长远，优先考虑通过调整财权与事权划分体系相应增加下级政府的自有收入。

从我国情况看，由于中央、省财政集中程度过高，地方政府的财权难以有

效满足其履行事权的基本需求，主要通过上下级政府间转移支付来增加地方政府的财力，导致转移支付在财政支出中占比较高。2016年，中央财政总支出86805亿元，其中，中央对地方税收返还和转移支付59401亿元，占中央总支出的68.4%。2010年，国家审计署重点审计的90个县财政支出2630.50亿元中，上级转移支付占46%，其中50个中西部县占比达71%。这就使转移支付制度由分税制财政体制的修正补充机制，变成了对基层政府进行财力分配的主导机制，既严重影响了地方财政的自主权，也在一定程度上造成地方财政预算约束软化。

为此，一方面上级政府要结合自身财力建立健全规范的转移支付规模确定和稳定增长机制，不断加大对下级的转移支付力度，纠正纵向和横向的财政失衡，促进公共服务的均等化；另一方面要高度重视下级自有收入体系的建设，合理确定和控制转移支付在下级政府中所占比重，进一步增强对下级政府的硬预算约束。

二、恰当地选择转移支付形式

一般性转移支付和专项转移支付各有特点。一般性转移支付可以刺激受补政府提高自己组织本级收入的积极性，同时解决各级政府之间财政收入能力与支出责任的不对称问题，使受补政府能够提供与其他地区大致相当的公共服务，也是与财政分权相适应的转移支付形式。专项拨款则可以使受补政府提供的公共产品或服务所产生的外部效应内在化，在调控下级政府行为，优化受补政府财政支出结构，引导财政资金投向上级政府重点支持和发展的事业等方面，具有一般转移支付无可替代的作用。

从这个角度看，一般性转移支付和专项转移支付各有各的特点，各有各的适用范围，本身没有好坏优劣之分。目前的难点和矛盾在于，上级政府尤其是上级政府所属的相关业务部门，偏好专项转移支付，以便于加强对下级政府的引导，落实上级政府决策；下级政府则偏好一般性转移支付，便于下级政府结合自身财力及需求统筹安排使用。同时，从决算数据来看，普遍存在一般性转移支付专项化、一般性转移支付与专项转移支付界限不够明晰的问题。2016年中央一般性转移支付的7大类90个子项中，有66个具有指定用途，安排预算总额比上年增长13%；体制结算补助和固定数额补助中有76%指定了用途①。2017年中央对地方转移支付中，专项转移支付占比尽管下降1个百分点，但一般性转移支付中有37项12434.42亿元资金指定了用途，加上专项转移支付，地方无法统筹使用的资金占比仍达60%②。

下一步，要综合运用各种转移支付形式，建立一个既能体现和保证上级意图又能增强下级政府积极主动性的透明规范的转移支付体系。具体考虑，在政府间事权和支出责任划分基本明确后，属于地方事权的支出，优先通过调整财权配置、增加地方自有收入解决，在此基础上，上级财政通过一般性转移支付予以适当支持；属于政府间共同事务，通过明确各级政府所承担的支出比例或将共同事务进一步细分为各级政府责任的方式加以解决；属于上级政府委托的事务，由上级财政通过专项转移支付的方式安排解决；符合上级政府导向的下级事权事务，上级财政可以通过专项转移支付加以扶持和引导。

第七节　配套政策措施

一、审慎推进"省管县"改革

财政省直管县改革推行了多年，但是直到现在仍然存在着比较多的问题没有解决。

一是从前提和假设看，"省管县"理论的前提是"市"本"恶"，"省"本"善"。认为市的本性从"恶"，市对县有一种本能的盘剥；而省的本性从"善"，省对县会一视同仁，客观公正地给予支持和帮助。这种认识明显缺乏理论基础和实践支持。实行省管县后，省级管理范围和幅度将大大扩大，省级财政为了增强综合调控能力，做好县域间的收入再分配，无疑会比市管县体制下进一步加大省级财力集中程度，因此对县市而言，省管县并不是免费的

---

① 胡泽君．国务院关于2016年度中央预算执行和其他财政收支的审计工作报告．http：//www.audit.gov.cn/n4/n19/c96986/content.html，2017－06－23/2018－10－07.

② 胡泽君．国务院关于2017年度中央预算执行和其他财政收支的审计工作报告．http：//www.audit.gov.cn/n9/n1580/n1582/c123737/content.html，2018－06－20/2018－10－07.

午餐。

二是从管理成本看,虽然省管县可以减少管理层次和中间环节,有利于降低行政成本,但是随着省、县之间直接交流的增加,需要付出的成本也会成倍增加。综合权衡,成本是高是低还需要深入分析。

三是从管理幅度看,对于人口较多、面积较大的省,省管县后管理的幅度成倍增加,管理的难度将明显加大。

四是从促进县域经济发展看,首先实行省管县的地区,县域经济发展具有"先发优势",有可能在最初一段时期为县域经济发展带来活力和相对的发展优势,但这一优势会随着省管县体制的广泛施行而递减。

五是从发挥和调动地市积极性看,省管县后一些需要市一级配套的项目很难及时配套到位。同时,对部分较发达地市所辖困难县的影响尤为突出。因为从市地范围内部看这些困难县属于相对贫困县,会得到地市的大力帮扶,而在全省范围看,又属于中游偏下水平,基本得不到省级的财力扶持。因此,对这类县市而言,省管县后从上级得到的扶持不仅不会增加,反而可能会大大减少。

综合上述情况,由于省管县还存在比较多的问题,省管县并不一定是最适合我国国情的地方政府体制的终极目标模式。与主流的省管县观点不同,笔者认为,省管县与市管县应是补充关系而不是相互替代和完全否定关系。当前基层的财政困难,并不能将责任完全归结到市管县体制上,而是与我国长期以来存在的资源向城市倾斜,财权向上集中,事权向下转移具有直接的关系。在笔者看来,在全国实施整齐划一的省直接管理县财政体制是计划体制的惯性思维在财政管理上的又一体现,而由于我国地域广阔,省情各异,是否存在一个统一的和单一的行政管理模式与财政管理体制是非常值得探讨和商榷的。因此,笔者并不否认在某些地方(尤其是贫困地区)实行财政省管县可能取得的积极效果,但笔者反对的是不考虑各地的省情、市情,在全国范围内机械、僵硬地统一强推省管县体制。笔者认为,应该将是否实行省直管县财政改革的权力下放地方,并且鼓励地方结合实际,自主地选择和确定适合地方经济社会实际情况的行政和财政管理体制模式,从而实现多种模式的行政管理体制和地方财政体制并存与互补,而不宜在省管县改革尚存争议的情况下设立强制推行的时间表。

二、强市与强县并行

我国现行的行政管理体制的根本问题在于政府职能模糊和各级政府职能重叠,政府间"职责同构"问题突出。所谓政府职能模糊,就是政府尤其是地方政府与市场的边界不清。所谓政府职能重叠,就是政府间缺乏正式和明确的责任划分,政府组织结构几乎完全雷同,重复审批现象严重。

因此,在地方政府现有框架下,只需将省、市、县的管理职能进行重新筛选、分类,一项职能只能由省、市或者县一级政府行使,不搞层层审批,就可以达到提高管理效率的目的。在这种政府间分工负责模式下,县级政府可以在自己的职能范围内自主地决策;需要上级审批的项目,则根据省与市的职能分工,分别向省或者市上报。其中,属于市职能范围的,市级政府可自行做主,而不必再报经省同意;属于省职能范围的,县级政府可直接向省里请示,而不必征求市政府同意。

在强县扩权的同时,要进一步加大对地级市的扶持和培育,扩大地级市的区域范围,使地级市具有足够的发展空间,并赋予较大规模的市以较大的立法和行政权限,促其加快发展和成长,力争能够在较短时期内在全国范围出现300个左右的区域中心城市,进一步发挥中心城市对周边县、市的辐射带动功能。如果这一目标能够实现,无疑将对我国的经济社会统筹发展起极为重要的作用。

三、逐步将乡镇政府改为县级政府的派出机构

相对于县级政府,乡镇具有更多的服务性质和辅助性质,在一定意义上可以被看作是县级政府的派出机构。特别是基础教育职能上划县级管理后,乡镇政府职能严重弱化,已经不是一级完整的政府了,因此从乡镇运行成本的角度考虑基本可以取消乡镇政府——这也是当前政治和财政理论学界的一个主流观点。但笔者认为,乡镇政府的取舍,除了要考虑到行政管理成本外,更要考虑到乡村公共产品的提供。由于乡镇比县市更加靠近辖区居民,也就更加了解居民偏好,由乡镇来提供公共产品和服务也就更有效率。从其他各国情况看,也普遍存在大量的类似我国乡镇的基层单位,用于提供地方性公共产品和服务。

综合比较各项因素,笔者认为可以取消乡镇政府,但必须要保留乡镇这一

级组织，作为县级政府的派出部门，不再具有经济发展职能，只是单纯提供农村公共产品和服务。同时，对于经济发达、人口密集的部分乡镇，可以走小城镇、城市化的道路，在条件特别成熟的时候可以探索改镇设市，由地级市直接管理。这类市属狭域型城市，市域范围较小，可以不设乡镇，由市直接管理城乡社区。就目前来看，相对于撤销乡镇政府的改革，以"乡财县管"为主要特征的乡镇财政的改革可以先行一步，在乡镇政府仍然存留的情况下，将乡镇政府的财权统一收归县级政府集中管理，乡镇花钱要经县级政府审核控制，县级政府由此直接控制乡镇的财权、事权。

取消乡镇政府和财政，不仅能保证县乡工资的正常发放和政权机器的正常运转，还可以集中资金进行基础设施建设和产业结构调整，发挥资金的整体效益，形成财政、经济的良性循环。同时能够避免乡镇在招商引资、园区建设方面"村村点火、户户冒烟"，甚至恶性压价竞争所造成的巨大浪费。

四、推动事权划分的法治化规范化

事权划分的法治化是我国财政体制改革的必由之路。成熟市场经济国家中央政府与地方政府间事权和财政支出责任的划分大多有明确的法律依据，从根本上保证了政府间财政关系的稳定与规范。事权法治化要分三步走。

一是要用规范性文件的形式对政府间的事权进行明确的规定，采取"列举"或"限制列举"的方式明确各级政府的事权范围和支出责任，避免事权划分的随意性。

二是要积极推动事权入法，使各级政府事权、职责的大小以及履行方式都有法可依，政府之间的混合事权也用法律形式加以明确分工，增强事权划分的法治化和规范化。

三是要最终实现事权入宪，在宪法中明确事权划分的基本原则，增加政府间事权划分的有关内容，奠定事权划分的宪政基础。

第六章 结 论

合理划分中央与地方财政事权和支出责任是政府有效提供基本公共服务的前提和保障,是建立现代财政制度的重要内容,是推进国家治理体系和治理能力现代化的客观需要。改革开放以来,我国事权和支出责任划分为坚持党的领导、人民主体地位、依法治国提供了有效保障,调动了各方面的积极性,对完善社会主义市场经济体制、保障和改善民生、促进社会公平正义,以及解决经济社会发展中的突出矛盾和问题发挥了重要作用。但也要看到,新的形势下,现行的中央与地方财政事权和支出责任划分还不同程度存在不清晰、不合理、不规范等问题。这些问题的存在,不利于充分发挥市场在资源配置中的决定性作用,不利于政府有效提供基本公共服务,与建立健全现代财政制度、推动国家治理体系和治理能力现代化的要求不相适应,必须积极推进中央与地方财政事权和支出责任划分改革。

本书以党的十八届三中全会《中共中央关于全面深化改革若干重大问题的决定》所提出的"建立事权和支出责任相适应的财政制度"要求为基础,对部分国家的事权与支出责任划分进行了比较分析,同时对我国政府间事权与支出责任划分的法律框架与现状进行了梳理,对中央与地方以及地方政府之间的事权与支出责任配置进行了实证分析,剖析了当前事权与支出责任配置实践中存在的问题及原因,认为当前政府间事权与支出责任配置主要存在以下问题:缺少统一而明确的法律界定,政府与市场关系没有完全廓清,政府间事权越位、缺位现象明显,政府间事权责任不对等,政府间"职责同构"问题突出,市县政府对转移支付依赖程度过高,专项转移支付分配不够科学等。在此基础上,本文有针对性地提出了事权与支出责任划分改革的基本目标、基本原则、总体思路以及具体措施。本书的主要结论:

1. 事权划分为初始事权和亲为事权(或者称为亲历事权、执行事权、履行事权),相应地,支出责任进一步细分为筹资责任和支付责任(或者称为花钱责任、用款责任)。一般情况下筹资责任和支付责任是统一的,一级政府想要支付自然需要自己筹钱,但是当出现委托和转移支付的情况后,筹资责任与支付责任就有可能错配,初始事权与亲为事权也会出现不一致的情形。在这种情况下,事权与支出责任相适应,就应该分解为两个层面的意思,一个是初始事权要与筹资责任相适应,另一个是亲为事权要与支付责任相适应。

2. 从事权与支出责任的关系看,事权是起主导作用的;支出责任则是在事权的基础上,根据各级政府的职能和作用,遵循一定的原则,从支出的角度对事权进行落实和保障,因而是从属于和服务于事权的。因此,严格来讲,我国应该健全的是"支出责任与事权相适应"的制度,而不是"事权与支出责任相适应"的制度。

3. 我国目前的财政体制理论仅仅将财权的外延界定为税权、费权。在不考虑转移支付的情况下,由于财权与事权责任是依据不同的规则按照不同的方法进行划分的,财权与事权责任的统一只能是极其偶然的,不相符合才是常态的。本书结合权力与责任的辩证统一关系,对"财权与事权相统一"涉及相关概念的内涵重新做了界定,财权不仅包括税权、费权,还应包括发债权以及接受转移支付的权力。财权外延扩大后,财权与事权相统一就成为一种常态乃至必须,地方政府在财权与事权相统一的指导原则下,首先按照确定的收支划分体系组织收入(税权、费权),收入与支出之间存在的正常缺口以及矫正外部性、受托事务等方面的支出,由上级政府通过转移支付安排补足(接受转移支付权),至此,就基本达到了财力与事权匹配的目标。在此基础上,下级政府仍然存在的建设、发展等其他方面的支出缺口,则由下级政府通过举借债务等方式加以解决(发债权)。对"财权与事权相统一"的重新诠释,既在一定程度上解决了有关财权与事权、财力与事权关系的论争,也有利于更好地指导财政实践,有助于缓解地方特别是基层的财政困难。

4. 事权划分的难点不在于纯中央、纯省和纯市县事权,而在于混合事权,尤其是在一个五级政府框架内对各级的混合事权项目进行划分,就显得更为困难。因此,混合事权是目前所有事权中最多、最不规范、最不明确的因素,也是科学、合理划分政府间事权的重点和关键所在。对于混合事权,要根据各方受益程度,并充分考虑市、县、乡财政的承受能力,采取科学的分担方式,将混合事权在省以下各级政府间进行合理配置。混合事权的配置方式主要有两种。第一种是将事权进一步细化为若干小项,再将各个小项事权在各级政府间进行分配。第二种是在某项事权无法再细分,或不宜按照细分后的小项事权在政府间进行分配的情况下,可以设定共同参与各级的权责大小,明确主要承担方、次要承担方,或者以百分比的方式明确各级权责。

5. 在明晰事权的基础上,要研究确定支出责任的划分原则和依据,并以此划清各级的支出责任,制定完整的支出责任清单。同时,还要建立健全支出责任激励机制,对支出责任履行情况进行监督和评价,确保支出责任落实到位。

6. 我国应实行"分税制+分成制"的混合财政体制模式,即在中央、省与地市之间构建规范的"分税制"财政体制,而在地市以下构建"分成制"的体制模式,从而使我国在一个"五级"政府框架下实现具有"三级"(中央、省、地方)政府分税特征的财政体制。

7. 由于省管县还存在比较多的问题,省管县并不一定是最适合我国国情的地方政府体制的终极目标模式。因此,应该将是否实行省直管县财政改革的权力下放地方,并且鼓励地方结合实际,自主地选择和确定适合地方经济社会实际情况的行政和财政管理体制模式,从而实现多种模式的行政管理体制和地方财政体制并存与互补。

参考文献

1. 阿图·埃克斯坦. 公共财政学［M］. 张愚山译. 北京：中国财政经济出版社，1983.

2. 安秀梅. 中央政府与地方政府间的责任划分与支出分配研究［J］. 北京：中国财政经济出版社，2010.

3. 奥茨（Oates，W. E.）. 财政联邦主义［M］. 陆符嘉. 南京：译林出版社，2012.

4. 白景明等. 建立事权与支出责任相适应财税制度操作层面研究［J］. 经济研究参考，2015（43）.

5. 毕丽，危素玉. 财政分权理论综述［J］. 云南财贸学院学报，2004（6）.

6. 布朗 C. V，P. M. 杰克逊. 公共部门经济学［M］. 张馨. 北京：中国人民大学出版社，2000.

7. 陈冰波. 事权与支出责任：一个分析的理论框架［J］. 交通财会，2014（8）.

8. 崔运政. 市级改革四思［J］. 新理财·政府理财，2008（11）.

9. 崔运政. 省直管县的另一面［J］. 新理财·政府理财，2009（8）.

10. 崔运政. 我国跨地区企业所得税转移和分配问题研究［J］. 税务研究，2010（11）.

11. 崔运政. 我国地方政府投融资管理研究［J］. 中国财经信息资料，2011（2）.

12. 崔运政. 我国财政分权程度的实证研究 [J]. 地方财政研究, 2011 (10).

13. 崔运政. 完善我国政府间财权配置的对策研究 [J]. 税务研究, 2011 (11).

14. 崔运政. 我国财政体制的收入效应分析 [J]. 中国财经信息资料, 2011 (15).

15. 崔运政. 财政分权与完善地方财政体制研究 [M]. 北京：中国社会科学出版社, 2012.

16. 崔运政, 于忠国. 我国分税制财政体制的创新研究 [N]. 中国财经报, 2002-11-8.

17. 崔运政, 于安. 完善我国社会保障财政管理的对策 [J]. 中国财政, 2005 (11).

18. 蒂布特. 一个关于地方支出的纯理论 [J]. 吴欣望. 经济社会体制比较, 2003 (6).

19. 杜荣胜. 健全中央与地方事权与支出责任相适应机制研究 [J]. 经济研究参考, 2015 (4).

20. 费雪. 州和地方财政学 [M]. 吴俊培. 北京：中国人民大学出版社, 2000.

21. 冯兴元. 地方政府竞争 [M]. 南京：译林出版社, 2010.

22. 郭连成, 车丽娟. 俄罗斯预算联邦制的改革与发展 [J]. 俄罗斯中亚东欧研究, 2009 (3).

23. 黄凰. 我国省以下财政体制完善的分权化取向及原则 [J]. 地方财政研究, 2010 (8).

24. 贾康. 从原则到现实：中央、地方事权与支出责任合理化中的立法思维 [J]. 财会研究, 2014 (5).

25. 贾康, 白景明. 中国地方财政体制安排的基本思路 [J]. 财政研究, 2003 (8).

26. 柯华庆. "谁请客, 谁买单"——建构分税制支出责任与事权相匹配原则 [J]. 中国财政, 2013 (11).

27. 寇明凤. 政府间事权与支出责任划分研究述评 [J]. 地方财政研究,

2015（5）．

28．寇铁军．政府间事权财权划分的法律安排——英、美、日、德的经验及其对我国的启示［J］．法商研究，2006（5）．

29．李大庆．财税体制改革的法律框架与法治化路径——从事权与支出责任的关系切入［J］．地方财政研究，2017（4）．

30．理查德·A．马斯格雷夫，佩吉·B．马斯格雷夫．财政理论与实践［M］．邓子基，邓力平．北京：中国财政经济出版社，2003．

31．李萍主编．中国政府间财政关系图解［M］．北京：中国财政经济出版社，2006．

32．李萍主编．财政体制简明图解［M］．北京：中国财政经济出版社，2010．

33．李齐云．建立健全与事权相匹配的财税机制研究［M］．北京：中国财政经济出版社，2013．

34．李齐云，马万里．中国式财政分权体制下政府间财力与事权匹配研究［J］．理论学刊，2012（11）．

35．李祥云，刘欣媛，徐婷．政府间财政事权划分研究：一个文献综述［J］．财政监督，2017（9）．

36．刘方，黄卫挺．当前政府事权划分存在的问题及对策［J］．宏观经济管理，2014（2）．

37．刘新凤．合理划分我国政府间事权与支出责任问题研究［J］．云南财经大学学报（社会科学版），2011（1）．

38．刘尚希，邢丽．中国财政改革30年：历史与逻辑的勾画［J］．中央财经大学学报，2008（3）．

39．刘星，文政．财政分权理论述评［J］．管理世界，2008（5）．

40．刘兴云．山东省省以下财政管理体制改革中的问题［J］．东岳论丛，2013（5）．

41．楼继伟．中国政府间财政关系再思考［M］．北京：中国财政经济出版社，2013．

42．卢洪友，张楠．政府间事权和支出责任的错配与匹配［J］．地方财政研究，2015（5）．

43. 卢中原. 财政转移支付和政府间事权财权关系研究［M］. 北京：中国财政经济出版社，2007.

44. 罗湘衡. 德国政府间财政关系研究［D］，天津：南开大学，2009.

45. 马海涛，崔运政. 地方政府债务纳入预算管理研究［J］. 当代财经，2014（6）.

46. 马海涛，李升. 对分税制改革的再认识［J］. 税务研究，2014（1）.

47. 马海涛，任强，程岚. 我国中央和地方财力分配的合意性：基于"事权"与"事责"角度的分析［J］. 财政研究，2013（4）.

48. 马骏. 论转移支付——政府间财政转移支付的国际经验及对中国的借鉴意义［M］. 北京：中国财政经济出版社，1998.

49. 马珺. 财政分权：分析框架与文献评述［A］. 杨之刚等. 财政分权理论与基层公共财政改革［C］. 北京：经济科学出版社，2006.

50. 马万里. 多中心治理下的政府间事权划分新论——兼论财力与事权相匹配的第二条（事权）路径［J］. 经济社会体制比较，2013（6）.

51. 马万里. 关于政府间事权与支出责任划分的几个理论问题［J］. 地方财政研究，2017（4）.

52. 倪红日. 应该更新"事权与财权统一"的理念［J］. 涉外税务，2006（5）.

53. 齐志宏. 多级政府间事权划分与财政支出职能结构的国际比较分析［J］. 中央财经大学学报，2001（11）.

54. 齐守印. 论政府间财政支出责任的优化配置［J］. 财贸经济，2003（2）.

55. 沙安文，沈春丽. 地方政府与地方财政建设［M］. 北京：中信出版社，2005.

56. 山西省财政厅，山西财经大学. 我国政府间事权与支出责任划分问题研究［R］. 2014.

57. 童伟. 俄罗斯政府预算制度［M］. 北京：经济科学出版社，2013.

58. 王东辉. 发达国家财政事权划分模式及对我国的启示［J］. 地方财政研究，2016（3）.

59. 王剑. 教育基本公共服务均等化的财政保障机制研究［J］. 西北工业

大学学报（社会科学版），2012（9）.

60. 王清科. 美国政府事权划分及其对深圳改革的启示［J］. 特区实践与理论，2014.

61. 王威. 印度政府预算制度［M］. 北京：经济科学出版社，2017.

62. 魏加宁，李桂林. 对日本政府间事权划分的考察［J］. 财经问题研究，2008（5）.

63. 文政. 中央与地方事权划分［M］. 北京：中国经济出版社，2008.

64. 吴志成. 当代各国政治体制——联邦德国和瑞士［M］. 兰州：兰州大学出版社，1998.

65. 平新乔. 财政原理与比较财政制度［M］. 上海：三联书店上海分店，上海人民出版社，1995.

66. 肖鹏. 美国政府预算制度［M］. 北京：经济科学出版社，2014.

67. 徐阳光. 论建立事权与支出责任相适应的法律制度——理论基础与立法路径［J］，清华法学，2014（9）.

68. 许正中，苑广睿，孙国英. 财政分权：理论基础与实践［M］. 北京：社会科学文献出版社，2002.

69. 杨华. 日本政府预算制度［M］. 北京：经济科学出版社，2016.

70. 杨军，张铁亮. 我国农业事权划分：一个总体框架［J］. 改革，2017（7）.

71. 于长革. 国外政府明确事权的经验与启示［N］. 中国财经报，2014-05-29（8）.

72. 于树一. 现阶段我国财政事权与支出责任划分：理论与实践探索［J］. 地方财政研究，2017（4）.

73. 曾康华. 浅议如何建立事权和支出责任相适应的体制［J］. 财政监督，2014（2）.

74. 张光. 十八大以来我国事权和财权划分政策动向：突破还是因循？［J］. 地方财政研究，2017（4）.

75. 赵云旗. 政府间"财政支出责任"划分研究［J］. 经济研究参考，2015（68）.

76. 赵卓娅. 我国学前教育财政事权与支出责任划分问题探讨［J］. 河南

教育学院学报（哲学社会科学版），2018（2）．

77．政府间财政关系课题组．政府间财政关系比较研究［M］．北京：中国财政经济出版社，2004．

78．郑涌，赵云飞，韩文．聚焦德国政府间财政关系 靠什么实现均等化［N］．中国财经报，2007－03－15．

79．周波．政府间财力与事权匹配问题研究［M］．大连：东北财经大学出版社有限责任公司，2009．

80．朱秋霞．德国政府预算制度［M］．北京：经济科学出版社，2017．

81．Dirk－Jan Kraan，Daniel Bergvall，Ian Hawkesworth，Valentina Kostyleva，Matthias Witt．Budgeting in Russia［J］．OECD Journal on Budgeting，2008（2）．

82．Oates，W. E. Searching for Leviathan：An Empirical Study［J］．The American Economic Review，1985，75（4）：748－757．

83．Oates，W. E. The Economics of Fiscal Federalism And Local Finance［M］．Edward Elgar publishing，1998．

84．Qian，Y.，Weingast，B. R. Federalism as a Commitment to Preserving Market Incentive［J］．Journal of Economic Perspectives，1997，11（4）．

85．Tiebout，C. M. A Pure Theory of Local Expenditures［J］．The Journal of Political Economy，1956，64（5）．

86．Wallis，J. J.，Oates，W. E. Decentralization in the Public Sector：An Empirical Study of State and Local Government［A］．Harvey S. Rosen. Fiscal Federalism：Quantitative Studies［C］．University of Chicago Press，1988．

87．Weingast，B. R. The Economic Role of Political Institutions：Market－Preserving Federalism and Economic Development［J］．Journal of Law，Economics & Organization，1995，11（1）．

后　记

　　我出生于1973年，到现在已经四十有五，即将"奔五"。可以说自从上学以来，自己始终坚持的一件事就是学习。上学期间，自己的主业就是学习；本科毕业参加工作以后，在别人休闲、娱乐的时间，自己还是在学习，并通过自身努力，先后取得硕士、博士学位，并进入中央财经大学从事博士后研究。这个经历，对很多人而言，可能感觉是比较顺理成章的，但对于一直兼职学习的我而言，只有自己才知晓其中的酸甜苦辣，只有自己才明白其中的五味杂陈。以至于自己曾经有一段时期，对自己的学术选择都产生了极度的怀疑，怀疑自己还有没有必要保持这种学习追求，怀疑自己的目标选择是不是过于苛求。

　　能够顺利完成我的博士后科研任务，首先要感谢我的合作导师，中央财经大学副校长马海涛教授。马老师是我的博士论文答辩评委。尽管早就听说过、见识过马老师，但与马老师真正相识还是在我的博士论文答辩会议上。马老师就我的博士论文提出了很多中肯而贴切的意见和建议，使我受益匪浅。之后对于一些学术科研方面的问题，又通过电话和邮件与马老师进行了多次的沟通。通过沟通与交流，越发体会到马老师的渊博的专业知识，严谨的治学态度以及平易近人的人格魅力。因此，当我有了继续做博士后研究的想法之后，第一个想到的合作导师就是马老师，希望能够在马老师的亲自关心和指导下，进一步提升自己的学术水平和能力。进入流动站后，马老师对我的科研工作也给予了全面的指导和引导。由于我的科研方向做了多次调整，每一次马老师都不厌其烦，悉心指教，让我感动的同时，也自感惭愧不已。

后　记

　　还要感谢我的家人，没有他们对我的悉心照料，我想我很难能够坚持走到现在。特别要感谢我的女儿崔毓辰。这么多年以来，经常是每天晚上她在她的房间学习，我在我的书房看书，我跟她就像跟同班同学一样，一直是共同学习、相互勉励、一同进步。今年她顺利升入大学，我衷心希望她在今后的日子里，所有的希望都能如愿，所有的梦想都能实现。

　　此外，还要感谢中国社会科学院杨志勇教授，首都经贸大学蔡秀云教授以及中央财经大学白彦锋教授、李燕教授、安秀梅教授参加我的博士后出站考核评议，并提出了宝贵的意见和建议。感谢烟台市财政局、山东省财政厅、上海国家会计学院、立信会计出版社以及中国财政经济出版社等部门单位对我工作、学习、科研等方面的支持和帮助。

　　我会更加努力地生活、学习和工作，做出更好的业绩，来回馈所有人对我的支持、关心和帮助。

崔运政

2018 年 10 月 1 日于烟台